Dr CHASSAGNE

TROIS ANS DE PLUS du Conseil Municipal Elu DE LA VILLE DE PARIS 1890-1893

Pour faire suite à 19 ans du Conseil Municipal élu de la Ville de Paris (1871-1890)

Des Faits!

UN FRANC

PARIS
E. DENTU, ÉDITEUR
LIBRAIRE DE LA SOCIÉTÉ DES GENS DE LETTRES
3, PLACE DE VALOIS, PALAIS-ROYAL

1893

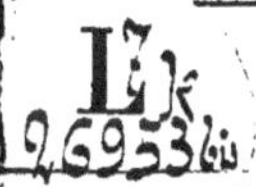

PARIS. — TYP. NOIZETTE

TROIS ANS

DE PLUS

DU CONSEIL MUNICIPAL ÉLU

DE LA VILLE DE PARIS

1890-1893

DU MÊME AUTEUR :

Histoire synoptique du Coup d'Etat en France. La Recette uniforme. 18 Brumaire. 2 Décembre. 16 Mai 1877. Le général Boulanger. 1 fr. Paris, Dentu, 1888, 4ᵉ édition.

Dix-Neuf ans de République. 1 fr. Paris, Dentu, 1889.

Dix-Neuf ans du Conseil Municipal élu de la Ville de Paris. (1871-1890) 1 fr. Paris, Dentu, 1890.

Neuf ans de Sénatoriat du tiers renouvelable du Sénat. 1882-1891, 1 fr. Paris, Dentu, 1890.

Les grandes Elections de 1893 (*Municipales* de Paris; *Législatives*, septembre 1893; *du quart renouvelable du Sénat*, janvier 1894; *du Président de la République*, 1894. Paris, Dentu, 1 fr. 1893. — (*Vient de paraître*).

Dr CHASSAGNE

TROIS ANS
DE PLUS
du Conseil Municipal Elu
DE
LA VILLE DE PARIS
1890-1893

Pour faire suite à 19 ans du Conseil Municipal élu de la Ville de Paris (1871-1890)

Des Faits!

PARIS
E. DENTU, ÉDITEUR
LIBRAIRE DE LA SOCIÉTÉ DES GENS DE LETTRES
3, PLACE DE VALOIS, PALAIS-ROYAL

1893

CHAPITRE I

FAITS du 7ᵉ Conseil Municipal élu pour l'OUVRIER DE PARIS (1)

1° *Pour les* PRIX DE SÉRIE *et la diminution de la* JOURNÉE DE TRAVAIL.

Dans 19 *ans du Conseil Municipal élu* nous avons vu la journée de 9 heures, les prix de série, la suppression du marchandage et de plus d'un *dixième d'ouvriers étrangers*, votés pour tuer le chômage parisien, hausser les petits salaires, créer le travail au lieu de créer l'oisiveté *charitablement* (2).

Mais le Conseil ne peut tout le bien qu'il veut.

Des conditions du travail, les 2 dernières seules existent en *fait*, le Conseil d'Etat a cru ne pas devoir approuver les 2 autres, le 7ᵉ Conseil a formé pourvoi, 9 mars 91, et ne se considère comme lié que pour les travaux sur fonds d'emprunt non pour ceux en régie (ordre du jour récent, 1ᵉʳ mars 93).

Il a fraternellement réservé le plus possible de ses travaux à des Sociétés ouvrières : **Peintres** : *Le Travail*, rue de Madrid, 6 ; *le Progrès*, rue Caulaincourt, 60 : *la Fraternelle*. **Menuisiers** : *La Me-*

1. **405.876** citoyens exerçant réellement la profession d'ouvrier. Recensement du 12 avril 1891. Relevé spécial des professions à Paris.

2. « Il ne faut pas confondre l'aide donnée aux travailleurs en « chômage avec celle donnée aux mendiants comme garantie « sociale par vous ». Faillet à Georges Berry.

nuiserie moderne rue Mercadet, *Atelier syndical* d'ouvriers menuisiers, rue Baron, 34 ; Association d'ouvriers menuisiers en bâtiment, rue du Poteau, 30 ; Société coopérative des ouvriers *parqueteurs*, rue de la Rozière, 10. *Ébénisterie parisienne*, cité Bertrand, 17 bis ; *Société des ouvriers charpentiers de la Villette*, rue Saint-Blaise, 49, etc.

2° *Ce qu'a fait le 7e Conseil élu pour le* PLACEMENT DE L'OUVRIER.

Après avoir donné à l'ouvrier son tribunal ouvrier, ses *Prudhommes*, le Conseil a voulu raréfier le plus possible les *Coups de chômage* (1).

La Bourse du Travail inaugurée le 22 mai 1892 (Annexes rue de Bondy, 26, et Jean-Jacques Rousseau, 35) est passée en moins de 10 mois de 40 syndicats à 270 embrigadant plus de 300.000 travailleurs (2).

C'est un vaste marché des salaires servant à l'éducation économique, à l'étude sociale statistique et corporative du Travail, surtout au *Placement*. Dans ce but des bureaux à mobilier identique ont en permanence un employé chargé de recevoir les demandes et offres de travail, de les établir par spécialité sur des tableaux et fiches mobiles.

Les Comités se réunissent à la salle des confé-

1. Surproduction du machinisme — Dans la bonneterie 1 ouvrier dirigeant naguère 1 métier hollandais dirige aujourd'hui 3 métiers Cotton produisant triple.

2. Syndicats des gainiers en pipes, ouvriers en fermoirs de bourse et porte monnaies, selliers à la selle, ornemanistes en carton-pierre, plâtre et staff, étireurs au banc, mégissiers du mouton, colliers anglais, etc. Les délégués constituent un Comité central où un *état des absences* à imiter dans d'autres Assemblées est régulièrement tenu.

rences ou dans des salles de commission, les assemblées générales en une salle grandiose de 3.000 places, espèces d'assises du travail où de plus en plus se fera la conciliation au lieu de *l'irritation* des grèves.

Dans le sous-sol est une vaste pièce d'embauchage chauffée où l'ouvrier attend « chez lui » et plus trouvable en ce point central que dans les abris ou places de grève la bienvenue du travail.

Voici le rendement pour le dernier semestre 92 de cette Bourse de Paris (1) qui a coûté 1.010.000 fr. de terrains, 1.920.000 de construction, soit 2.930.000 fr. mais dont les intérêts seront usurairement payés par le service social rendu.

Il y a eu 10.590 placements de grandes corporations : coiffeurs 4.344, garçons d'hôtels 1.108, cordonniers 833, boulangers 524, mécaniciens 372, peintres en bâtiments 321, tailleurs 320, serruriers 140, dames lingères cuisinières ou assimilées 512, artistes dramatiques 384, ces derniers échappent ainsi à des agences *artistiques* qui expédient en province des sujets insuffisants avec 1er courtage pour nécessiter une 2e expédition avec 2e courtage suivant la pratique de tous les bureaux de placement.

En dehors de ce fonctionnement central, des subventions continuent à être accordées dans les mairies aux bureaux de placement gratuit dont les principaux sont ceux des 1er, 3e, 5e, 6e, 15e et 18e arrondissements.

Cet effort central et périphérique finira par détruire ces équivoques exploitations dites Bureaux de placement contre lesquels une ligne d'indignation s'est formée avec projet de loi déposé au Parle-

1. Il y a des Bourses du travail à Toulouse, Nîmes et Saint-Etienne.

ment et suspension d'autorisations nouvelles par la Préfecture de police sur vœux réitérés du 7e Conseil (1).

Il subsiste et subsistera encore longtemps par suite d'une vitesse acquise de l'atavisme, peut-être de certaines convenances de travail, des embauchages de plein air : peintres, place Baudoyer; tailleurs d'habits, place du Caire; maroquiniers « et tout ce qui regarde la peau » dans le Ve; terrassiers et maçons, place de l'Hôtel-de-Ville, place *de grève* comme on dit.

3° *Ce qu'a fait le 7e Conseil pour les* COUPS DE CHOMAGE.

Il ne limite pas son action au travail procuré. Dans les *coups de chômage* il atténue le mal de misère des familles même au loin. Subventions : aux ouvriers victimes de l'incendie des Moulins de Corbeil, 18 juillet 92; aux tisseurs de Lyon, aux baleiniers de Paris (Patenne) 3.000 fr.; aux debardeurs frappés de chômage par les crues de la Seine, 5.000 fr.; aux ouvriers robinettiers victimes de cessation du travail, 29 avril 91; allocation aux ouvriers colleurs de peau des 13e et 14e arrondissements, 22 octobre 90; subvention de 2.000 fr. aux familles nécessiteuses des ouvriers de la maison Christophle en grève depuis 2 mois; aux ouvriers de la compagnie d'Orléans, 17 juillet 91, 5.000 fr., Prudent Dervillers; aux victimes de la cessation des travaux à Carmaux, 10.000 fr., Deschamps; secours aux incendiés de la cité Bernard; secours et pensions aux veuves et

1. Malheureusement on ne peut interdire la cession des existants dont les *fonds* par la limitation même prennent une plus-value.

orphelins des victimes de la rue des Bons-Enfants, pension et secours à la veuve et à l'orphelin d'un égoutier mort d'asphyxie à la porte Chaumont; 15.000 fr. aux familles des 721 ouvriers sans travail de la maison Hemerdinger, 6 mars 93.

Cette aide dite d'abord « encouragement aux grèves » par les 15 membres réactionnaires ou douteux du Conseil et pour lesquels on ne comprend guère qu'un ouvrier ou employé puisse voter, annulés grâce à eux au début sont aujourd'hui licites dans ce but humain de donner la *bouchée de pain* aux femmes et aux enfants, d'empêcher la mort de misère.

Le but est si peu «d'ameuter des grèves » que le 7e Conseil élu a amené la conciliation de quelques-unes : Cochers de l'Urbaine, employés de la Compagnie des omnibus. Il est vrai que de même que le clergé pris d'amour sur le tard pour les petits par besoin de leur suffrage universel s'est fait socialiste, de même les réactionnaires du Conseil ont renouvelé du Siège l'idée de *bons de soupe* et de *bons de logement* (p. 11), mais toujours sous la forme un peu inférieure de charité condescendante non de solidarité d'égal.

4° *Faits du 7e Conseil pour* *l'*ENCOURAGEMENT *du Travail ouvrier.*

Les *faits* sont ici nombreux dans les divers arrondissements de Paris. 1er *arrondissement*, subvention aux : Fédération des charpentiers de la Seine, 3.000 adhérents; chambre syndicale des coiffeurs de Paris, 35, rue J.-J. Rousseau; — 2e Union fraternelle des maîtres tailleurs, 99, rue Montmartre; — 3e Société des compagnons charrons du département de la Seine, 52 rue de Bretagne; Chambre syndicale des chauffeurs-mécaniciens de la Seine, 7 rue des Filles-du-Calvaire, 1.500 fr.; Syndicat des ouvriers zingueurs-plombiers, 12, cité Dupetit-Thouars, 3.500 fr.; — 4e *arrondissement* : Chambre syndicale des ouvriers fumistes, 26, rue Beautreillis; — 11e *arrondissement* : Union des mécaniciens, 1, rue Neuve-Popincourt, 2.000 fr.; Chambre syndicale des ouvriers serruriers de Paris; — 16e Alliance pour l'instruction professionnelle des chauffeurs-mécaniciens, 146, avenue de Versailles, 2.000 fr. — 17e Chambre syndicale des ouvriers en voiture, 11, avenue des Ternes, 5.500 fr.; Chambre syndicale des tailleurs de pierre, 22, rue Truffaut, 3.000 fr.; Association d'ouvriers en voitures, 69, rue Pouchet, 3.000 fr.; Union des ouvriers menuisiers, 34, rue Baron.

18e *arrondissement* : Chambre syndicale des ouvriers charrons, 15, rue de la Chapelle, 2.500 fr. Groupe d'ouvriers menuisiers, 18, rue de Ravignan, 2.500 fr. — 20e Chambre syndicale des ouvriers passementiers à la barre, 42, rue Palikao, 1.500 fr. Chambre syndicale professionnelle des façonniers, 40, rue de Ménilmontant.

5° *Ce qu'a fait le 7e Conseil élu pour* **LES FILS** *de l'Ouvrier de Paris.*

Nous parlerons succinctement plus bas des **Écoles professionnelles** (p. 51) déjà décrites dans 19 *ans du Conseil élu*, nous restreignant aux faits qui relèvent du 7e Conseil. La *Réorganisation de* **l'Internat primaire**, appelé **Dorian** (15 mars 1893) lui appartient en propre.

Grâce à des prix habilement proportionnés aux

ressources des familles, les *Frères* élèvent dans leurs trois *Saint-Nicolas* : Paris 983 élèves, Issy 1.030, Igny 705, soit **2.718** enfants, dont beaucoup appartiennent à des familles républicaines tentées par le bon marché. L'Internat municipal, peu connu, exigeant 35 fr. par mois, un versement annuel de 420 fr. dont 105 fr. immédiats pour le 1er trimestre se trouvait en infériorité économique marquée. Par délibération du 9 novembre 1891, le prix mensuel a été réduit de 35 à 20 et 10 fr. par mois avec publicité d'affiches 3 fois par an. Une commission des demandes doit répondre à toutes dans le délai maximum d'un mois.

En 1893 le nombre d'enfants placés par le Conseil dans plusieurs internats primaires et laïques est de 360 au-dessous de 13 ans à 500 fr., de 40 plus âgés à 700. L'Internat municipal, rue Philippe-Auguste a 250 élèves anciens à 35 fr. et 170 nouveaux à 20 et 10 fr. C'est une initiative heureuse à développer. Nul argent ne saurait être mieux semé.

L'intérêt que porte le Conseil au *fils de l'Ouvrier* se manifeste aussi par des subventions à l'apprentissage et au patronage dont on remarquera le chiffre légitimement élevé.

3e *arrondissement* : Ecole d'apprentissage de la Chambre syndicale de la bijouterie, 176, rue Saint-Martin et passage de la Réunion, 4.500 fr. Ecole pratique de dessin de la Chambre syndicale de la bijouterie en doré, 22, rue Chapon, 4.500 fr. Caisse de patronage des apprentis du 3e.

10e *arrondissement*: Société d'assistance paternelle aux enfants employés dans l'industrie des fleurs et plumes, 90, boulevard de Sébastopol, 3.000 fr.

11e: Société de patronage des enfants de l'ébénisterie, 77 avenue Ledru-Rollin, 6.000 fr. Ecole professionnelle de l'ameublement, 16, rue de Charonne, 4.500 fr. — Patronage des apprentis du 17e —

19° Société de l'école d'horlogerie de Paris, 30, rue Manin; 8.000 fr. etc.

6° *Faits du 7e Conseil pour* LA FEMME ET LA FILLE *de l'ouvrier*.

L'Idéal hélas lointain est que la femme ne travaille plus que familialement, au foyer. Malheureusement il y a des veuves, des orphelines, même des abandonnées. C'est pour elles que le Conseil a créé le *Refuge-ouvroir*, assistance par le travail, de la rue Fessart, 37, 85.100 fr. au budget de 1893.

On n'y est admis pour environ 1 mois qu'après enquête, aussi a-t-on établi pour l'urgence un asile d'attente et pour les pauvres mères de famille une crèche (*Bull. municipal officiel* 1891, p. 1831). De même esprit de solidarité est le projet d'asile pour femmes enceintes sur les terrains désaffectés du cimetière Montparnasse, transféré rue de Tolbiac, surtout le si bienfaisant asile de convalescence Ledru-Rollin pour les femmes relevant de couches (1).

Pour l'apprentissage de la fille de l'ouvrier il y a les 6 écoles professionnelles de filles déjà créées mais ayant pris un plus large développement comme nombre d'élèves et résultats : rue Fondary, 20, école type avec 217 élèves à elle seule, rues Bossuet, 26, Bouret, 14, Poitou, 7, Ganneron, 26, et rue de la Tombe-Issoire. Cet enseignement pratique, dont Elisa Lemonnier fut l'initiatrice, qui fait à la fois des ouvrières et des ménagères expertes, compte aujourd'hui 1.280 élèves avec 81 bourses, plus des

1.250.000 fr. budget 1893 proposition Strauss, initiative du Conseil qui devance la loi sur l'Assistance maternelle au Parlement. Secours aux enfants des veuves pauvres, voté 22 mars 1893.

bourses de déjeuner, surtout de vêtements confectionnés par l'élève elle-même et servant à son instruction. L'admission des professeurs et élèves a lieu par concours.

7° *Pour le* LOGEMENT *de la Famille ouvrière.*

Les **secours de loyer** paraissent insuffisants, et quelquefois distribués à une clientèle fixe « c'est un supplément aux Bureaux de bienfaisance voilà tout » *B. M. off.*, 1891 p. 1582. Le 7e Conseil a demandé plusieurs fois par analogie avec la Caisse des écoles la création par arrondissement d'une Caisse de chômage et de misère, l'idée de Joffrin, qui distribuerait elle-même après enquête faite en d'autres lieux que chez le concierge et contrôlée.

En continuant tels quels les **Secours de loyer** qui vont, il est vrai, parfois aux expulsés « aux meubles dans la rue » le 7e Conseil a voté des *bons de logement* procurant aux familles indigentes un abri de quelques jours à l'hôtel. Ce n'est pas l'assistance par le travail plus désirable mais enfin les 13.500 fr. versés à des hôteliers-logeurs ont servi à donner l'abri temporaire, le toit à 34.000 familles ou individus. Sur cette expérience et sur la demande de la chambre syndicale des hôteliers-logeurs elle-même, le Conseil a voté 20.000 fr. pour 1893.

8° *Pour le* JOUR DE REPOS, *le Dimanche de l'Ouvrier.*

Avant d'arriver aux actuels 2 jours de repos par mois et payés de tous les ouvriers de la Villle, il a fallu batailler pour obtenir le dimanche de ceux dont le travail souffre le moins de discontinuité, les égoutiers (40.000 fr. votés le 22 juin 1892, Lopin). La Chambre syndicale des égoutiers a répondu par des remerciements qui prouvent que les bonnes intentions du Conseil sont comprises.

Pour ce dimanche familial il a été voté plusieurs propositions d'abaissement du tarif exceptionnel des Bateaux-omnibus qui font payer au travailleur « sa partie de campagne » pour hygiène, plus cher que la promenade sur semaine de l'oisif. Pour cela comme pour la *correspondance* des omnibus à accorder aux trains-ouvriers de ceinture le 7e Conseil a été mis en échec par les Compagnies soucieuses de dividende, il a mieux réussi pour le « transport au chantier » des travailleurs par les trains de banlieue en faisant substituer dans les abonnements à la semaine le simple certificat du maire aux certificats des patrons enfin il a fait étendre cette mesure aux petits employés.

9° *Faits du 7e Conseil pour l'ouvrier* **MALADE OU BLESSÉ** *du Travail.*

La tradition constante des Conseils élus a été de subsistuer le plus possible le traitement à domicile au traitement à l'hôpital ou à l'hospice.

De ne pas dissocier la famille.

Sans doute autour de chaque *charité*, et c'est sa tare, il se groupe « des habitués ». Comme pour les secours de loyer, il y a l'expulsé d'industrie complice parfois de son propriétaire; pour les *secours*, il y a l'industriel de l'aumône demandant au maire l'argent de poche, au curé le pot-au-feu, son vestiaire à la Caisse des écoles, le terme à la Société des loyers, le sucre et café aux bonnes sœurs. C'est dire que les secours à domicile valent par leur distribution — par les visiteurs.

A Eberfeld il y a 1 visiteur pour 4 indigents, 1 pour 8 à Brême, 1 pour 20 à Berlin ou il y a 2.045 de ces fonctionnaires de la bienfaisance (Rapp. Bompard) A Paris le visiteur trop dissemblable des *friendly visitings* de Londres court aux renseignements les plus proches « à la loge » quand au contraire il faudrait découvrir plus haut, tout en haut, la misère héroïque qui dissimule sa faim.

C'est délicat sans doute. De plus le travail guérit seul, le secours est un palliatif de misère, il y tient en suspension. Mais bien que les résultats ne répondent pas à l'intensité de l'effort et que le Règlement de 1886 avec les Bureaux de bienfaisance soit à l'étude au Conseil supérieur de l'Assistance pour réforme et création d'une Caisse unique unifiant mieux les secours dans Paris, il est fait, même avec ces imperfections beaucoup de bien.

Le *Service médical à domicile* à la suite d'un concours qui a fourni 43 mémoires et beaucoup d'idées neuves a été divisé après longue et sérieuse discussion (Bompard, Dubois, Rouanet, Cattiaux, 1er juillet 1892) entre médecins consultants et médecins visitants.

Ce qui a coupé court à beaucoup de visites longuement attendues par l'ouvrier.

De même des *Dispensaires* presque tous créés par le 7e *Conseil* (projet *un par arrondissement*) permettent à l'ouvrière d'hospitaliser son enfant chez elle au lieu de l'aliéner aux soins d'autrui à l'hôpital d'enfants.

Le but toujours poursuivi est que la famille « ne se quitte pas. »

10° *Pour le vieil Ouvrier devenu* INVALIDE DU TRAVAIL.

Dans cet esprit les *Secours représentatifs d'hospice* (1 franc par jour, 38 nouveaux secours créés en 1890, 207.265 fr. au budget de 1893) sont le plus possible substitués au lit d'hospice coûtant du reste 25.141 fr. (1). Pendant que le Dr Peyron dit que peu de vieillards consentent à quitter l'hospice pour les secours représentatifs, MM. Piperaud, Dubois, Vaillant, Brousse, Dervillers, Marsoulan, Lyon-Allemand, Deschamps soutiennent au contraire que l'Administration tient à conserver ses fiefs et que plus de 100 femmes à la Salpêtrière demandent à en partir. *B. off.* 13 juin 92, p. 1.317-19.

Il y a en 1893 à Paris : 15 hôpitaux généraux, 6 spéciaux, 4 payants, 4 hospices, 3 maisons de retraite. Tous sauf l'Hôtel-Dieu et Saint-Louis en instance au Conseil d'Etat sont laïcisés.

Au placard *Rendez-nous les sœurs* le 7e Conseil peut répondre que leur logement dans chaque hôpital a été converti par lui en *Maternités*, qu'au lieu des 467 congréganistes de jadis ayant sous leurs ordres une armée de 2,351 infirmiers ou infirmières laïques sans avoir ni diplôme ni avancement possible ; aujourd'hui, non seulement les surveillantes

1. 30.000 fr. légués récemment par le Dr Gager pour un lit d'hospice ont été convertis avec agrément de sa veuve en *Secours représentatifs*. Au lieu d'UN hospitalisé, 3 vieillards à 365 fr. par an gardés dans la famille. On ne saurait trop faire connaître ces donateurs de la Ville plus vraiment pieux que d'autres, Trélat, Cuvillier, Delagarde, Romagnani, Parent de Rozan « pour un orphelinat de 12 jeunes filles, 6 du 9e, 6 du 16e arrondissement. » Odièvre « pour doter un ménage pauvre », de Reverdy « pour un bon père de famille », etc...

mais les simples infirmières ont un diplôme; une respectabilité scientifique, la carrière ouverte.

L'une d'elles accompagne chaque voiture d'ambulance municipale qui va chercher « les contagieux »

Récemment le Conseil lui-même a tenu à recevoir en Corps à l'Hôtel de Ville les infirmiers et infirmières laïques qui se sont distingués pendant la dernière épidémie de choléra.

11° *Ce qu'a fait le 7e Conseil pour le* **RELÈVEMENT** *de l'***OUVRIER** *tombé du Travail.*

Pendant le dur hiver de 1891 des asiles provisoires ont été établis : 3 le 19 janvier, 4 autres le 22, Palais des Arts Libéraux, rues Clairaut 8, Jenner 14, rue d'Allemagne, boulevard Voltaire, rue Saint-Maur et rue Pajol. Ils ont fourni 1.793.387 nuitées avec 853.194 rations, on a dépensé 195.000 fr. le double des crédits votés. *B. off.* 27 nov. 91. Beaucoup de fuyards du travail s'y sont réfugiés.

Une fois de plus ils ont démontré que l'Assistance par le travail relève seule

Aussi, après cette expérience concluante, le 7e Conseil a pris l'initiative d'une de ses plus heureuses créations : **La Chalmelle.** Une colonie d'essai de 128 hectares dans la Marne (Faillet, Heppenheimer, Dervillers, Marsoulan). C'est déjà un ferme modèle ayant reçu des comptables, qui, de la plume improductive passent à l'outil, des soldats revenus du Tonkin, de Madagascar, tombés aux asiles de nuit (1),

1. Actuellement 9 Asiles de nuit dont 3 municipaux : rue du Château-des-Rentiers 69-73, 200 places; quai Valmy, 107, 240; rue Fessart, 37, 200 places de femmes; puis Asiles rue Saint-Jacques, 255, 180 places; boulevard Vaugirard, 14, 210 places;

mais remontant virilement la pente du travail perdu : Tous sont recherchés dans le pays pour leur esprit plus ouvert ; il y a une bibliothèque avec cours aux cultivateurs ; quand l'ouvrier veut partir il le peut, sa place est payée pour le retour comme pour la venue.

C'est là une expérience de relèvement par le Travail, un contre-courant de la désertion des campagnes pour les villes qui fait honneur et mérite sympathie.

rue de Tocqueville, 59, 146 places ; rue de Laghouat, 13, 179 ; rue de Charonne, 250 places ; rue Labat 14, 40 places de femmes.

Dans tous, bains, soupe, et 350 grammes de pain.

CHAPITRE II

Ce qu'a fait le 7e Conseil élu pour les COMMERÇANTS et les INDUSTRIELS de Paris (1)

1r *Pour la facilité du* TRANSIT *et de l'*ÉCHANGE *dans Paris.*

En attendant des moyens de transport plus rapides avec un gain de temps — gain d'argent, le 7e Conseil élu a dû se contenter d'augmenter les lignes **d'omnibus : 36** lignes avec horaires publiés au *Bulletin Municipal* et **12** lignes de **tramways** sans compter les chemins de fer nogentais, le funiculaire de Belleville et le tramway de l'Etoile à Saint-Germain (2).

Malgré des difficultés multipliées entre l'Etat, la Ville, le Département et la Compagnie des Omnibus forte des traités de 1860 et 1873 ; malgré les études sérieuses puisque lentes, du Conseil d'État, du Ministère des travaux, la Ville a pu obtenir les tramways votés depuis 1883 : Châtelet *St-Denis*, Châ-

1. Industriels fabricants **56.983**, Commerçants, **61.745**, au total, **118.728** citoyens exerçant réellement la profession. Recensement 12 avril 1891.

2. **Compagnie des Omnibus**, 36 lignes de 227 kilomètres, 6 lignes de banlieue, 160 k. de tramways, 16.000 chevaux, voyageurs 203 millions, redevance à l'Etat et à la Ville 4.368.000 fr., 13 lignes ont encore le vieil omnibus à 2 chevaux.

telet *Choisy-le-Roy*, Madeleine-Asnières-Courbevoie.

La ligne, *Auteuil St-Sulpice* à peu près terminée dans les 15ᵉ et 16ᵉ arrondissement est retardée par le 7ᵉ; enfin, Opéra-Pantin, Montreuil-Châtelet, surtout Saint-Augustin-Charonne étudié depuis 20 ans et demandé par un pétitionnement de 8.000 signatures (Vaillant-Patenne) seront livrés au public dans un avenir que le public voudrait prochain. La traction mécanique, vapeur ou air comprimé, surtout électricité, s'accommodant mieux de la voie, plus élastique en force et rapidité, économique, sûre, ne rencontre guère d'adversaires qu'à la Compagnie des Omnibus dont les chevaux prennent « le pas aux montées ».

Cette Compagnie qu'à l'aide de son article 5 prévoyant des améliorations *le* 7ᵉ *Conseil* a obligé à chauffer les voitures d'abord avec chaufferettes à briquettes, puis bouillottes et mieux thermo-siphons, a fait des expériences lentes. Un de ses directeurs, co-directeur des tramways de Genève, *chauffés*, semblait ne pouvoir possibiliser à Paris ce qu'il obtient là-bas; aujourd'hui un chauffage modéré est acquis :

La décheance votée par le Conseil dès 1888, les menaces de mise en régie demeurent toujours platoniques.

Le **Funiculaire de Belleville.**— Il est juste d'avouer que les essais de régie du Funiculaire ont à demi réussi. Après l'avant-projet de 1885, les rapports Muzet, Paulard, Rousselle et Champoudry, les travaux exécutés par la ville et coûtant 1.321.000 fr. ont pris fin en janvier 91.

Alors l'exploitation a subi des vicissitudes connues. Les poulies à régler, le sol en bordure qui par le froid « bougeait » et a dû être bétonné, les voitures peu spacieuses, une grève des mécaniciens, 2 périodes d'essais de Sociétés d'exploitation du 14 au 29 mai et du 6 juin au 20 août, le non versement du cautionnement et de la redevance « il n'y a que les voitures qui versent », a pu dire M. Vaillant, ont causé quelque émotion.

Aujourd'hui, on a amélioré (Rapport Thuillier, 4 avril 92), un câble d'acier sans fin court en caniveau souterrain entre 2 rails. Sous la voiture un *grip* descend dans le caniveau par une fente, en le serrant il fait l'adhérence au câble qui entraîne la voiture. Le moteur du câble est dans une usine à proximité du terminus.

Actuellement, il y a 5 garages sur la voie unique, 540 voyages par jour avec voitures à 20 places, 2 kilomètres de montée en 16 minutes.

Les recettes se sont élevées de 400 à 900 fr. par jour et malgré des tâtonnements de régie, ce trajet à 10 centimes, 5 centimes les trains ouvriers, rend des services appréciés au transit du quartier du fer et des grandes usines.

1° *Ce qu'a fait le 7e Conseil pour les transports rapides,* MÉTROPOLITAIN, TUBE BERLIER.

Les moyens de transport lents, insuffisants, mettent en problème chaque dimanche l'aller et retour des familles parisiennes. Seul le **Métropolitain** aurait des places pour tous, voyageurs, paquets et marchandises, ce serait un outil d'échange complet. On chuchote à Londres « quand donc accoucherez-vous du Métropolitain » et un conseiller a pu dire : « Depuis 14 ans, je n'ai jamais vu d'affaire avec tant d'équivoques. »

En effet, au rapport Sauton, 17 juillet 1891. « Veut-on un Métropolitain et lequel? » tout le monde s'en déclare épris, mais sur le tracé, l'unanimité s'évanouit, l'homme reste. Une discussion étudiée à laquelle prennent part MM. Strauss, Brousse, Longuet, Vaillant, Deschamps, Sauton, Blondel, Davrillé, Caron, Bompard, Rouanet, Odelin, Prache, ne dure pas moins de 4 séances du 17 au 25 juillet 91. M. Ch. Laurent s'appuyant sur les 3 votes antérieurs du Conseil pour le tracé de la rue Réaumur en fait adopter le percement par 35 voix contre 26.

Une session extraordinaire du 11 au 21 janvier 1892 est spécialement ouverte pour la discussion des moyens de finance à y affecter. Le rapport Caron sur un emprunt de 120 millions au Crédit foncier déclare que la Société financière du Métropolitain adoptant le tracé du Conseil porte son projet primitif de 11 k. 325 à **33** k. 070 les 7 k. de souterrain à **11**, sa dépense de 100 à 200 millions sans garantie ni subvention, elle ne demande en échange que le sous-sol des voies publiques (1).

Cet emprunt de 120 millions au Crédit Foncier et l'emprunt direct sont repoussés. Il s'ensuit quelque confusion : « C'est le métropolitain ajourné à 1898 » dit M. Humbert.

Toutefois, 3 mois après, en avril 92, M. Caron dépose un nouveau projet d'emprunt de 148 millions que l'amendement Baudin fait élever à **200** avec cette affectation précise : 50 millions à la rue Réaumur 70 à des améliorations de voirie (35 rive droite, 35 rive gauche), 50 millions à des constructions scolaires, 25 à l'Assainissement et aux Eaux.

Les expropriations, vente de terrains et de maisons pourront donc commencer dès l'emprunt à

1. Le *District Railway* de Londres qui a coûté 50 millions le kilomètre, en cheminant sous les maisons a montré la nécessité d'emprunter ce sous-sol des rues.

émettre en 1893. Le *Métropolitain* s'en suivra-t-il? C'est vraisemblable.

Mais il lui est né un concurrent sérieux.

LE TUBE BERLIER.

Plus simple et plus vite fait, il revient de Londres *après* invention française. C'est un tube de 5 m. 80 en acier poussé par une presse hydraulique et portant en avant un bouclier mobile muni de burins tranchants qui découpent dans le sol une ouverture circulaire. A mesure que le cylindre marche, on pose des plaques derrière lui; 12 segments de plaques en fonte forment le tube complet. Dans les quelques centimètres entre le sol ambiant et lui, on coule une couche de béton pour le rendre résistant aux poussées de terre, plus insonore et étanche.

Les déblais sont renvoyés en arrière, il n'y a pas éventration de la rue. Les stations creusées en tranchées, mais recouvertes d'un plancher de fer, tablier sous lequel on travaille en souterrain, n'arrêtent en rien la circulation. Elles seront à 6 m. de profondeur sauf celle de l'Etoile à 20 m. avec ascenseur. La ligne en effet *Est-ouest* doit réunir les bois de Boulogne et de Vincennes, les 2 grands réservoirs d'air pur de Paris.

La 1re demande fut faite le 1er septembre 87 et renvoyée à l'administration pour études; rapport Sauton 27 juin 88, et renvoi à l'administration pour études complémentaires, le demandeur se restreint alors à une seule ligne avec augmentation de diamètre du tube (1). Le 7e Conseil vote le *tube Berlier* sur 2e rapport Sauton, 27 juillet 91, l'administration émet un avis favorable, adoption définitive sur 3e rapport Thuillier, 27 juin 92.

1. A Londres le Subway est formé de 2 *tubes Berlier* superposés aller et retour au lieu du tube unique à 2 voies de Paris, sa profondeur est considérable — 17 à 25 mètres.

Tous ces retards viennent de quelque défiance de l'électricité comme éclairage du tube et traction. En effet, un balai de cuivre passant sous la voiture touche un rail central isolé sur verre et chargé d'électricité par une machine terminus, ce balai conducteur actionne un dynamo placé sous le wagon et qui donne la traction. Trains à 2 minutes d'intervalle de 4 voitures à 56 places chaque, 20 kilomètres de parcours à un seul prix 0,20, trains ouvriers à 10 centimes.

70 ans de concession à une Société française avec directeur agréé par la Ville et droit de rachat anticipé, cautionnement 300.000 fr. versé avant tous travaux, ligne à construire en 3 ans sans subvention art. 3, 2 équipes d'ouvriers pour nuit et jour avec conditions spéciales de 0,70 l'heure de travail et d'hygiène généreusement stipulées par le 7e Conseil.

La facilité de transporter vite les élèves des écoles aux jeux de *plein air* — dans les bois; les étiolés de l'atelier ou du sous-sol dans ces 2 forêts urbaines Boulogne et Vincennes pour y boire l'air des chênes aura certes un double succès humanitaire et économique dont le 1er nous touche le plus.

Le tracé *du Berlier* rencontre en plusieurs points les tracés du *Métropolitain*. Il est possible qu'il ne les rencontre que sur plan et rende par d'autres Berlier vite faits un Métropolitain à vapeur presque superflu (1).

Nous nous sommes étendus sur ces divers modes de transport en raison de leur inflence sur l'échange commercial, la richesse économique. On s'en aper-

1. La Ville sauf acquiescement de l'Etat a réservé ses droits de creuser d'autres *Berlier*, avec participation du personnel aux bénéfices après prélèvement de 50 0/0. Ce serait favoriser l'épargne comme les grandes sociétés de Prévoyance, les *Prévoyants de l'Avenir*, *la Fourmi*, *le Grain de blé*, *le Sou quotidien*, et prévenir le partage de la propriété par sa division.

cevra, quand à Paris pour les placiers, voyageurs, commerçants, offres et livraisons à domicile on aura substitué après Londres, New-York, Berlin, Chicago l'avenir de rapidité au passé de lenteur.

Le temps gagné — au temps perdu.

3° *Faits du 7e Conseil pour l'*AIDE ET L'ENSEIGNEMENT *commercial ou industriel.*

Subventions : à la Chambre syndicale de la papeterie, 71, rue Lafayette 2.500 fr. Réunion des fabricants de bronze, 8, rue Saint-Claude. Cours de l'Union du commerce et de l'industrie du 10e arrondissement, 2.500 fr. Société commerciale pour l'étude des langues étrangères, 2, place de la Bourse, Union fraternelle des maîtres tailleurs, 99, rue Montmartre, Fédération des chapeliers de la Seine, Chambre syndicale des fabricants bijoutiers-joailliers et orfèvres, 20, rue des Quatre-Fils, Cours commerciaux du Grand Orient de France, 16, rue Cadet, 5.000 fr. etc.

4° *Pour les commerçants et petits commerçants de l'*ALIMENTATION.

Le 20 juillet 1892 rachat et remplacement des 2 marchés de Belleville et de Saint-Maur par 3 marchés découverts rue des Pyrénées, rue Alibert et place des Fêtes; les bitumage, protection des plantations, établissement de bouches d'eau, numérotage des places coûteront à la Ville 53.000 fr. Ouverture du marché de Tolbiac, 7 décembre 1890. La revision des médailles des *marchands des quatre saisons*, ces *petits* de l'alimentation a duré 2 ans 1/2, il y avait en réalité 7.000 médailles aujourd'hui réduites à 5.898 ; faute d'argent la photographie des titulaires prescrite par l'article 3 n'est pas encore achevée. Le stationnement de ces petites voitures de *l'Alimentation à bon marché* doit cesser à 200 mètres des Halles, 20 mètres des patentés de vente similaire et 5 mètres l'une de l'autre. On comprend que l'appréciation de ces distances peut donner lieu à quelque arbitraire de la part du gardien de la paix arbitre. Il importe qu'il mette dans cette magistrature un peu du tact fraternel du constable anglais. Comme celle des égoutiers (page 12), la Chambre syndicale des marchands des quatre saisons a adressé au 7ᵉ Conseil des remerciements pour sa sollicitude à soutenir les petits « ceux qui n'ont pas de soutien. »

L'agrandissement des Halles qui manquent de place, voté dès novembre 1885, est encore attendu. Cela ne dépend pas plus du Conseil, que certains abus : vente des huîtres au détail, inobservation des droits de stationnement, 13 mars 1893, différends entre les porteurs facteurs et commissionnaires, etc., maintes fois signalés (rapport Foussier), et qui naissent des attributions un peu emmêlées des Préfecture de la Seine et de Police (1).

5° *Ce qu'a fait le 7ᵉ Conseil pour les* BOUCHERS *et garçons bouchers de Paris.* (2)

Paris rive droite. — Construction d'une

1. Les marchandises des Halles relèvent du Préfet de la Seine, les places du Préfet de police, le gaz du premier, l'électricité du second.

2. 26994 exerçant réellement la profession, recensement de 1891.

usine frigorifique-type à la Villette. Rapport Deligny adopté 29 novembre 1892. Agrandissement du sanitarium avec installation de guérites du service sanitaire, le tout justifié par ce fait que, depuis l'abolition de la taxe anti-française de 3 francs par 100 kilos de viande abattue, les moutons arrivent vivants et nécessitent une inspection rapide; récemment, 10.000 moutons russes (rapport Foussier).

Eclairage électrique de la Villette: à la condition d'établissement gratuit sur le terrain municipal sans subvention, sans distribution externe autre que la mairie, car les secteurs sont partout concédés, une Compagnie s'est offerte à susbtituer 7.704 carcels aux 1.357 du gaz, avec diminution sur les 172.000 fr. de frais d'éclairage actuels.

Grâce à des arcs moins chers que l'incandescence et à quelques autres conditions, c'est la première victoire de bon marché d'une Electricité à laquelle certainement appartient l'avenir.

La demande d'un service médical permanent à laquelle on objecta d'abord la boîte de secours, la présence de médecins dans le voisinage, le téléphone avec ambulances urbaines semble avoir rallié depuis peu l'Administration, le Syndicat de la boucherie et le Journal de la boucherie en gros primitivement défavorables (1er avril 1892, p. 763).

Une subvention de 2.000 fr. a été accordée à la Mutualité de la Boucherie sur ces *faits* d'une moyenne de 20 accidents par mois, et qu'il y a tous les jours un médecin de service au Palais de Justice où le danger paraît moindre (6 mars 1893).

Paris rive gauche. — *A la Villette*, abattoir unique de la rive droite, doivent correspondre les *Morillons*, abattoir unique de la rive gauche. La Ville a déjà acheté pour 1.700.000 fr. de terrain et comme on la sait *engagée*, les propriétés voisines estimées naguère 6.253.400 fr., s'estiment aujourd'hui 9.644.000 fr. Par une ironique contre partie, pour la vente de ses vieux abattoirs, *Villejuif*, *Grenelle*, *les Fourneaux*, la Ville ne rencontre aucune offre, bien qu'elle donne gratuitement 8.000 mètres de ces terrains désaffectés pour créer des rues. Il semble que la création de la rue de Tolbiac, les travaux en activité du boulevard Raspail, l'affectation à la voirie rive gauche, d'une somme égale à celle de la rive droite, **35** millions sur *l'emprunt Réaumur* mériteraient mieux que ce mutisme aux adjudications et une coalition contre les achats. Cela menace de retarder contre le gré du Conseil, le la *Villette* de la rive gauche. (*B. Off.* 4 novembre 91, p. 2351).

6° *Ce qu'a fait le 7° Conseil pour les* **MARCHANDS DE VIN** *et garçons marchands de vin de Paris.* (1)

Des améliorations sur les conditions du travail et de l'aménagement de l'entrepôt de Bercy ont été votés par le 7° Conseil sur la demande de M. Lyon Allemand. Pour le débitant dont on médit peut-être trop, car l'alcool est quelquefois pour l'indigent, un aliment misérablement obligé « l'alcool c'est un bifteck à 2 sous », 8 distributeurs automatiques de boisson, machinisme concurrent, avaient été autorisés en 1890 à titre d'essai. Destinés aux jardins publics aux mères de famille qui désirent ne pas s'attabler avec leurs enfants, ils faisaient recette de 25 à 40 fr. par jour pour 1.400 fr. de dépense et 600 fr. de redevance à la Ville. Ces dividendes

1. 30681 exerçant réellement la profession. Recensement de 1891.

ont amené en 1892 une demande de 50 autorisations nouvelles, que le 7e Conseil a rejetées sur les réclamations légitimes et le pétitionnement des marchands et garçons marchands de vin.

Vœu récent du Conseil contre l'établissement des licences sur les débits de vin (12 décembre 92, P. verbaux, p. 847), paiement des échantillons prélevés par le Laboratoire municipal, et reconnus bons.

7° *Faits du 7e Conseil pour les* 400 **MAITRES DE LAVOIR** *et les garçons de lavoir de Paris.*

L'idée de **Bains-lavoirs** municipaux pour lavage au plus bas prix et hygiène de l'indigent est déjà ancienne au 7e Conseil, 4 juin 90, (Brousse, Faillet, Heppenheimer, Réties). A Londres, lavoirs de paroisses à 10 centimes; à Vienne, Berlin, Francfort, Lille, Armentières, Reims, des bains par aspersion à 15 centimes avec savon et serviette ont fonctionné avec des succès divers, mais en rendant de réels services aux travailleurs.

A Paris, cette considération que la Ville ruinerait les maîtres et garçons de lavoirs, a fait repousser la proposition (1), du reste les 400 maîtres de lavoirs disséminés dans tous les quartiers, et c'est là un avantage, acceptent fraternellement d'accorder 20 0/0 de leurs places en bons de demi-journée aux pauvres des Bureaux de bienfaisance, soit 8.000 places gratuites par semaine. Le Conseil voudrait en outre obtenir 4 cabines par lavoir pour bains par aspersion à 15 centimes. « La propreté

1. La gestion impersonnelle de la Ville est du reste plus onéreuse dans la proportion de 7 à 10, il y aurait en outre sur les charbons perte de 430.000 fr. d'octroi.

profite à la dignité de l'homme. » (Deschamps, Foussier, Brousse, Caumeau).

En compensation, les Maîtres de lavoirs demandent l'abonnement d'octroi au charbon, 1 fr. au lieu de 7 fr. 50 par tonne, ou bien ce dont bénéficierait avec eux le Budget de la Ville, un droit d'entrée sur le linge lavé en banlieue qui vient faire au travail parisien une concurrence redoutée. L'étude de ces propositions aux 2e et 5e commissions. 30 mars 92, celle plusieurs fois renouvelée (Chauvière), de mesurer le coke au volume non au poids, à cause de l'eau dont on le surcharge, montrent la double sollicitude du 7e Conseil pour les patrons ou garçons de lavoirs et l'Hygiène ouvrière.

7e *Sollicitude pour le* GROUPEMENT *des Fabricants et Commerçants.*

La Ligue si intéressante du Petit Commerce, petits commerçants groupés pour la défense de leurs droits contre les *Grands magasins* s'est vu refuser pour ses réunions, les salles des fêtes des mairies des 6e et 19e arrondissements. Cela, grâce à son nom de Ligue *syndicale* mal interprété, le 7e Conseil élu a vivement protesté.

D'autre part, il a accordé sa propre Salle des fêtes de l'Hôtel de Ville à la *Société de fêtes du commerce et de l'industrie* en affinités étroites avec les Chambres syndicales des industries parisiennes, bijouterie, meubles, modes. Antérieurement, des fêtes similaires à l'Opéra et un carrousel ont donné de grosses sommes à l'Assistance publique, il en sera de même de ce bal que le Conseil adopte dans un double but d'aide fraternelle pour le Commerce et les indigents, 18 mars 92.

CHAPITRE III

Ce qu'a fait le 7e Conseil élu pour les EMPLOYÉS DE PARIS (1)

1° *Pour les* EMPLOYÉS DE LA VILLE.

Le **Minimum** des salaires de tous les employés de la Ville est le *fait* capital du 7e Conseil élu.

Cette amélioration *de leur pain* porte sur plus de **11.000** employés ou ouvriers municipaux avec 1.535.000 fr. de dépense pour le budget de la Ville, 85.000 fr. pour le budget départemental. Le *salaire minimum* est fixé à 100 fr. par mois. Tous les salaires au-dessous de 1.800 fr. sont majorés respectivement de 260,220,180 et 140 fr. Le taux des heures supplémentaires est également relevé de 1/6 et 2 jours de repos par mois devenus réglementaires sont payés (2).

Ce progrès social, reconnaissance implicite du *minimum de salaires* en rapport avec les nécessités de la vie et qui humainement améliore l'existence modeste de nombreuses familles est dû à l'initiative de M. Baudin dont le nom est si héroïquement lié

1. **199.206** exerçant réellement la profession. Recensement 1891. La sollicitude constante du Conseil élu a été pour les **petits traitements** à l'inverse de la Commission *désignée* de l'Empire. Sa philanthropie n'est pas théorique.

2. Les 2 jours de repos *payés* sont encore un peu contestés par l'Administration qui compte 26 jours par mois à 10 heures, 260 heures. Mais le salaire des *plus petits*, des cantonniers est porté à 125, 130 et 135 francs par mois, celui des 752 pauvres balayeuses à 80, 85 et 90 francs. *On peut vivre.*

dans le faubourg Saint-Antoine qu'il représente aux souvenirs du Coup d'Etat de 1851. Voté les 25 juillet, et 14 décembre 92, ce *minimum* des salaires est appliqué depuis le 1er janvier 1893.

3° *Pour les* 150 CONSEILLERS PRUD'HOMMES,

Tribunal des Ouvriers et Employés.

Les juges de cette juridiction populaire de conciliation, tribunal plus arbitral que pénal, espèce de justice de paix ouvrière où l'on est jugé par ses pairs, où l'on aboutit d'autant mieux à un accord reçoivent 1.200. francs. MM. Heppenheimer, Brousse, Vaillant, Duplan font valoir que les expertises augmentent, (un seul prud'homme en a eu plus de 6.000), les industries justiciables se sont élevées de 104 à 138 puis 150, les ateliers se ferment devant les indépendants qui osent condamner quelques patrons. Bien que la 2e Commission établisse qu'ils doivent rester essentiellement ouvriers comme les prud'hommes-patrons doivent *commercer*, que le relèvement de traitement en fera d'oisifs juges salariés, cette majoration modeste de 100 à 150 francs, proposition Péan, est adoptée par le 7e Conseil, 11 avril 92.

3° *Pour les* 2869 EMPLOYÉS DE L'OCTROI.

Pour les 2.869 *employés de l'octroi* M. Grebauval, leur avocat-conseil habituel, demande que le congé de droit de 5 jours par an soit porté à 12, l'indemnité de logement des brigadiers de 300 à 400 fr., qu'une durée des effets, prévue un peu archéologiquement il y a 20 ans, soit diminuée, enfin que la vareuse-tunique, le revolver pour les rondes, la pelisse à capuchon maintes fois demandée (8 avril 92) soient accordés à cet utile personnel producteur des recettes les plus sérieuses de la Ville.

Le nombre des employés pourrait être augmenté à certains postes où il y a de longs stationnements par insuffisance du personnel.

Une solution de toutes ces questions très intéressantes a été retardée par le dépôt longtemps attendu du rapport de M. Deville, de la droite, sur la *Péréquation des taxes d'octroi*, rapport finalement caduc et périmé devant la question préjudicielle de l'existence même de l'Octroi, — sa suppression votée par 51 voix contre *une*, 8 mars 1893 (rapport Hattat).

Les péréquations ou dégrèvement partiel de taxes assez incohérentes, le sucre paie 60 fr., le glucose 16 fr. les 100 k., les bois ouvrés de Norwège et les pierres taillées en carrière, même droit d'entrée que le *brut*, auraient peu d'incidence sur le contribuable.

Il faudrait remplacer l'Octroi par des taxes sur les 4 contributions directes, valeur vénale des propriétés, constructions, chevaux, mutations par décès qui, en ce cas utiliseraient et même augmenteraient l'intéressant personnel de perception existant.

4° *Ce qu'a fait le 7° Conseil pour les*
EMPLOYÉS DES COMPAGNIES
(Omnibus.)

Les employés de la Compagnie des omnibus : palfreniers et relayeurs travaillant 15 à 18 heures par jour; les cochers et conducteurs ayant 1 jour par mois de repos, les contrôleurs pas du tout, avec retraite de 325 fr. à 20 ans de service, ont obtenu par la médiation du Conseil le paiement de l'intérêt du cautionnement, le versement de leurs amendes à leur Caisse de retraites, 1 jour de congé payé comme jour de travail, la journée de 12 heures décomptée à partir de leur arrivée au dépôt et non de leur départ de tête de ligne (B. M. Off. 16 juillet 90 et 3 juillet 91).

Toutes ces réparations justes dues à l'équitable sollicitude du Conseil pour ces *sacrifiés* au dividende lui ont valu une touchante lettre de remerciements du Syndicat des Employés de la Compagnie.

5° *Pour les* **COCHERS** *des Compagnies de Voiture et les Compteurs.*

La grève des 1.800 cochers de l'*Urbaine* a été l'objet au Conseil d'une demande de secours de 10.000 fr. (Vaillant), les cochers qui travaillaient soutenaient leurs camarades, la Chambre syndicale était pour eux.

Pendant l'Exposition tous ces rançonnés étaient obligés de rançonner eux-mêmes, pour faire leur *moyenne*, néanmoins cette moyenne est restée telle quelle après l'Exposition. Les droits de douane sur les maïs (1) ont encore surelevé les frais de voiture déjà de 14 fr. 50 par jour. M. P. Dervillers a demandé la réintégration sans pénalité des

1. 85.000 chevaux à Paris, recensement Ministère de la Guerre 1889, la substitution du maïs à l'avoine diminuait de 720.000 francs les recettes d'octroi.

Un *fait* de nécessité de précision des textes : dès qu'on a imposé le maïs en *grains* d'immenses quantités ont été introduites grossièrement concassées en tourteaux et farines, il a fallu imposer *tous les dérivés* du maïs.

grévistes et des adoucissements aux contraventions (4 janvier 92, p. 1.800).

Le **compteur** horo-kilométrique Jondet a été adopté en juin 92, mais les compagnies et loueurs de voitures comprennent qu'un compteur empêcherait toute moyenne arbitraire en la restreignant au travail *effectué*. Aussi l'arrêté préfectoral prescrivant qu'un 1/5 des voitures serait muni de *compteurs* en avril 92 et toutes en 94 semble non avenu, 50 voitures à peine ont obéi au règlement (Longuet, Péan).

Le relèvement du droit de stationnement ou la suppression du 1/5 des voitures n'ayant pas d'enregistreur des distances montreront la sollicitude du Conseil et de l'Administration pour les Cochers qui veulent ne pas être suspectés, faire le moins d'arrêts possible aux stations et le public qu'on pourra *charger* pour de petites courses (1).

6° *Pour les* **ASSOCIATIONS** *et Chambres syndicales des Employés de Paris.*

Subventions : à l'Association fraternelle des employés de l'octroi, siège social mairie de Levallois-Perret. A la société de secours mutuels des employés de l'Hôtel de Ville, à celle des employés du département de la Seine. A la socité académique de comptabilité, 66, rue de Rivoli. A la Chambre syndicale des comptables de la Seine, 10, rue de Lancry. A la Chambre syndicale des employés du 1er arrondissement, 2.000 fr., etc.

1. Le tarif par zones et au quart d'heure ont été écartés par le Conseil, 22 décembre 91. Au compteur le 1er kilomètre 75, les suivants 25 centimes.

7° *Ce qu'a fait le 7e Conseil élu pour les* **PRÊTS** *aux Employés, petits Fabricants, petits Commerçants et Ouvriers.*

Le **Mont de Piété** avec son chef-lieu rue des Blancs-Manteaux, 2 succursales rue du Regard et rue Servan ; plus 23 bureaux auxiliaires est aujourd'hui organisé avec étuves à désinfection pour la literie. Les 9 0/0 de droits de 1831 ont été abaisés à 7 0/0 en 1887. Mais la vente des objets en rapport constant avec le nombre des reconnaissances *cédées*, calcul fait depuis 1882, **10** *ans*, montre l'odieux, le *gaignage* sur *les petits* du trafic des reconnaissances. Un projet de loi (de Choiseul Legrand) veut y remédier en autorisant *le Mont de Piété* à prêter lui-même sur son reçu de prêt ; il semble qu'une réforme des prisées, ventes, appréciations, et majorer le prêt lui-même vaudrait mieux.

On ne le peut sans une loi que le Parlement s'honorera de hâter.

Mais la réforme à grand succès qui appartient en propre au 7e Conseil est **le prêt sur titres.**

La Banque de France ne prêtait pas naguère au-dessous de 500 fr., de sorte que pour une obligation foncière, Ville de Paris, chemins de fer, un petit titre de rente de 3 0/0 il fallait recourir à l'usure. Une loi du 25 juillet 91 provoquée comme souvent par l'initiative du Conseil a autorisé le *Mont de Piété* a prêter sur titre 500 fr. au maximum à 80 ou 60 0/0 suivant valeurs.

Il y a eu jusqu'à aujourd'hui **18.245** emprunteurs dont 5.304 employés, 4.417 ouvriers, 3.719 petits fabricants ou petits commerçants, 69 cultivateurs.

15.866 appartiennent à Paris, 1.979 à la banlieue, 400 à la province. Les titres sur lesquels on a prêté sont 4.436 obligations foncières, 3.502 Ville de Paris. Les obligations de chemins de fer et titres de rente sont en moins grand nombre (1).

Le but *de tuer* l'usure, de *créditer* l'ouvrier, l'employé, le petit fabricant ou commerçant a été atteint. Ce qui le prouve c'est que sur cette philanthropique concurrence la Banque de France a abaissé son ancien prêt minimum de 500 à 250 francs.

1. Avec le temps, il y aura là une Statistique intéressante de cette petite épargne qu'une loi sur les Sociétés financières (voir les *Grandes Elections de* 1893, Paris, Dentu, p.69) devra mettre à l'abri de tout Panama.

CHAPITRE IV

Ce qu'a fait le 7e Conseil élu pour les PROPRIÉTAIRES et LOCATAIRES DE PARIS

1° *Pour défendre les propriétés contre*
L'INCENDIE. — LE FEU A PARIS

Un voyage d'études d'une partie de la Commission supérieure de perfectionnement des Sapeurs-Pompiers à Berlin, Varsovie, Pétersbourg, Moscou et Vienne a montré au 7e Conseil: qu'en raison du service à court terme partout le personnel est civil, le matériel aussi élégant à Vienne qu'à Paris est inférieur ailleurs, à Paris seulement les chevaux de traction sont loués. Dès appel de l'*avertisseur* le premier départ à attelage instantané a lieu avec grande échelle piquet et départ attelé comprenant une pompe à vapeur, une bobine de 320 mètres de grands et 120 mètres de petits tuyaux. Pour assurer une activité et capacité professionnelles, la limite d'âge a été fixée à 28 ans pour les sous-lieutenants, 30, lieutenants, 38, capitaines, plus examen. Et comme l'avancement ne peut se faire sur place la rentrée au corps après nouveau grade est accordée de préférence aux officiers y ayant déjà servi.

Les progrès du personnel et du matériel, les expé-

2. **41,569** propriétaires et rentiers. Recensement 12 avril 1891.

riences techniques (4.594 francs pour 2 procédés ignifuges), le dévouement apprécié de tous, des officiers, sous-officiers et soldats font qu'il n'y a plus guère de *grands incendies* à Paris (1).

2° *Pour l'*EAU. — HYGIÈNE *des propriétaires et locataires de Paris.*

1° L'Eau de Source

En raison logique de son importance l'**Eau à Paris** a fait l'objet de nombreuses études en séance du 7e Conseil, 27 mars 91, 13 juin, 20 juin 92, etc.

Aujourd'hui l'**Eau de source** ne sert ni à l'arrosage ni aux vasques des grandes fontaines publiques ni au jeu des ascenseurs.

Cependant comme en été la consommation *totale* d'eau est énorme (moyenne 500.000 mètres cubes, 550.000 pendant l'Exposition, un seul jour le 27 mai 600.000, le réservoir de la Vanne était presque à sec), il faut encore pendant 20 jours redoutés distribuer, aux mois chauds de plus consommation et de moins débit des sources, l'eau de Seine jaune chaude et suspecte d'épidémie (2).

Le remède prochain est l'*entrée à Paris* de l'*eau de la Vigne*, qui, retardée par quelques malfaçons à Montretout, va avoir lieu ces jours-ci même, en *mars*, avant l'époque prédite « L'eau doit arriver à Paris,

1. Pour les autres progrès tout républicains de ce *service technique*, rudimentaire sous l'Empire, voir 19 *ans du Conseil élu de la V. de Paris*, p. 59.

2. Actuellement à Paris les bouches d'incendie dont il faudrait 3.000 nouvelles laissent encore à désirer comme nombre et pression. L'**eau de rivière** (Seine, Ourcq, Marne) alimente **6.682** bouches d'eau pour lavage des caniveaux, **5.587** bouches d'arrosage. **L'eau de source** est débitée par 771 fontaines dont 6"4 bornes à repoussoir, 97 Wallace.

en avril 93 » avait-on dit au Conseil le 31 décembre 91. La parole a été tenue. L'*Etat sanitaire* de toutes les familles parisiennes s'en ressentira cet été.

L'avenir-hygiène est là et dans les dérivations ultérieures du *Loing et du Lunain* dont l'aqueduc de prise d'eau des sources et l'aqueduc principal ont été récemment votés par le Conseil (proposition Strauss, 21 décembre 92).

L'eau du réservoir de Montretout dans les colonnes montantes (prix 400 fr.) n'atteindra pas comme on l'a dit jusqu'au 5e étage de Montmartre, mais elle desservira presque tout Paris moins chèrement à la longue que l'eau de Seine, d'Ourcq ou de Marne à cause de l'appétit en charbon des machines élévatoires (1).

Le désir fraternellement démocratique d'avoir un robinet libre dans chaque logement (Deligny, Chauvière) et même un filtre à chaque robinet (Vaillant) a été écarté pour un robinet libre obligatoire à chaque étage seulement, prix 33 cent. le mètre cube mais pouvant s'élever à 40 ou 60 si l'on dépasse plus ou moins 50 litres par habitant de la maison (2) La taxe

1. Les dérivations et machines alimentent 27 réservoirs dont 9 d'eau de source 407.212 m. q., 12 d'eau de Seine 127.109 m.q. 6 d'eau d'Ourcq 38.544 m. q.

On voit que les 9 réservoirs d'eau de source ont une capacité presque *triple* de celle des vieux réservoirs de rivière. Le plus élevé de ces *Magasins d'eau* est pour l'eau y arrivant d'elle-même, Montretout à 107 m., puis Montrouge à 78 m. Il y a d'autres réservoirs plus élevés : Montmartre 136 m., Ménilmontant 132, Belleville 131, mais l'eau, source ou rivière, y est propulsée par machines élévatoires.

Ces machines dont quelques-unes puisent l'eau à la Seine (Ivry, Chaillot, Austerlitz, Javel) ou à la Marne (Saint-Maur) et d'autres la prennent d'un bassin pour surélever dans un autre sont au nombre d'environ 32 avec 3.800 chevaux, coûtant cher. Elles seront encore longtemps nécessaires et quelques-unes de *relais*, toujours.

2. Près des 2/3 des abonnés ne consomment en moyenne que 25 litres.

calculée sur la valeur locative ou le *revenu* comme à Marseille, système approuvé par les deux Chambres et à l'examen du Conseil d'Etat donnera uniformément 8 millions. Il sera peut-être difficile d'en éviter la *répercussion*. Toutefois, il ne paraît pas y avoir intérêt immédiat pour la Ville aux rachats ou déchéance de la Compagnie des Eaux, mais bien à lui laisser l'aléa expérimental des taxes nouvelles (Rapport Lopin, discussion 20-27 janvier 92).

Grâce à l'esprit de suite du 7e Conseil, *Tout-Paris* boira uniquement de l'eau de source (1).

2° L'EAU — ASSAINISSEMENT.
TOUT A L'ÉGOUT

L'eau ne sert pas seulement comme extinction des incendies et de la soif; par sa pression, sa force de de chasse, elle suffira dans l'avenir au *Tout-à-l'égout*, à ce qu'on a appelé un peu à la Molière le lavement des égouts. Berlin, Bruxelles, Francfort et même Marseille ont à peu près réalisé ce progrès. A Paris sur 860 kilomètres d'égouts (et il en faudrait 1.100.) 450 kilomètres seulement peuvent recevoir des chutes directes, 450 autres sont à aménager dans ce but et 260 k. à créer avec dépense *approximative* de 116 millions 13 mars 93. Aussi il n'y a que 4.600 chutes directes actuelles et par contre 17.000 fosses mobiles, 35.000 tinettes filtrantes et encore 64.000

1. Dans *la banlieue* sur 72 communes, 62 sont abonnées à la Compagnie générale des eaux et à la Compagnie dite de la banlieue, une à celle des eaux de la Seine, une à la compagnie de Villeneuve-Saint-Georges. 4 communes avec 8.000 habitants n'ont que l'*eau de puits*. Cela tient un peu à ce qu'à Paris 5 mètres de canalisation desservent 50 habitants, et dans la banlieue 50 mètres, 5 habitants!

de ces abominables fosses fixes jamais étanches (1).

3° L'Eau-Revenu. — L'Epandage.

17 ans après l'expérience tentée sur 6 hectares des sables stériles de Gennevilliers où l'épandage est aujourd'hui sollicité et l'hectare passé de 1.200 fr., à une valeur moyenne de 12.000 fr., (location 500 fr.), le Dr Bourneville présenta, à la Chambre, le projet assez atermoyé d'Achères. Déposé le 19 février 85 renouvelé le 18 mars 86 voté 2 ans après, transmis au Sénat qui, dit M. Vaillant « montra plus d'activité que la Chambre » (2), finalement adopté le 25 mars 89, ce projet d'avenir pour l'hygiène et même les revenus de Paris est en voie de réalisation. La quantité de matières usées déversées en 24 heures à la Seine par les égouts *collecteur* à Asnières et *départemental* à Saint-Denis varie suivant les statistiques, de 350 à 423 millions de mètres cubes, personne ne le sait *mathématiquement* c'est journalier et variable. Ce que l'on sait c'est qu'il y a là des éléments fertilisateurs azote et acide phosphorique perdus.

Le Tout à la Seine, actuel épidémique et onéreux (les points les plus contaminés de microbes semblent être Saint-Ouen, Saint-Denis et Epinay-sur-Seine, Dr Miquel), sera avantageusement remplacé par un canal « *non à la mer mais vers la mer* ».

Il y a actuellement à Gennevilliers 800 hectares, à Achères 800, à Méry 500 hectares, qui sont propriété de la Ville.

L'aqueduc d'*Achères* 14 kilomètres coûtera approximativement 10 millions 500.000 francs, le prolongement sur *Méry* 20 kilomètres 10.700.000 et le dernier prolongement sur les *Mureaux* qu'on ne

1. En mission du Ministère de la Guerre en Angleterre au camp d'Aldershoot, 1881, il nous fut dit à propos des fosses fixes « Nous ne mettons pas cela en prison comme en France. »

2. *Bulletin municipal officiel*, 22 oct. 92.

verra guère qu'au xxe siècle 13.770.000 francs. Il semble ressortir de l'exemple de *Gennevilliers* où l'arpent (34 ares 19 cent.), se loue 150 francs, et d'une discussion étudiée à laquelle prennent une part autorisée MM. Deligny, Strauss, Lopin, Thuillier, Dervillers, Longuet, Deville que ce seront là des dépenses de *productivité* (22, 24 oct. 92 et 13 mars 93).

4° *Ce qu'a fait le 7e Conseil pour la* **PLUS VALUE** *des propriétés de Paris par le perfectionnement de la* **VOIRIE**.

Il y avait en 1890 à Paris, 16.242.000 mètres carrés de surfaces publiques, voies, squares, etc. Il y en a en 1893, 100.000 de plus.

De nombreuses rues ont été ouvertes.

Le pavage en pierre à peu près stationnaire depuis 1890 couvre 6 millions 331,538 mètres.

L'Empierrement, cher par ses rechargements voirie *stratégique* de l'empire, et précaution contre les barricades, a quelque peu diminué 1.462.000 mètres (1). l'**Asphalte** est resté et restera stationnaire 334.137 mètres, mais le **Pavage en bois** qui convient si bien aux rues larges, hôpitaux, écoles, et à la traction, par insonorité, élasticité, etc. est en augmentation considérable 676.290 mètres, chiffre aujourd'hui dépassé par des demandes récentes (2).

Cette *Voirie superbe* dont l'entretien accordé par-

1. Pour les divers chiffres comparatifs de 1890, voir 19 *ans du Conseil élu*, p. 61 à 65.

2. Rues de la Chaussée-d'Antin, Lafayette, Saint-Lazare, Châteaudun, Miromesnil, la contribution des propriétaires riverains est à peu près du *tiers*, exactement 27.000 fr. pour 104.000.

tiellement à des Sociétés ouvrières, le *Pavage*, *les Paveurs réunis*, etc., varie par mètre carré de 74 centimes, pavage en pierre à une moyenne de 1 fr. 79 asphalte, 1 fr. 84 pavage en bois, et près de 3 fr. empierrement occupe toute une armée d'ingénieurs, conducteurs des Ponts et Chaussées, conducteurs municipaux, piqueurs, 1.587 cantonniers ou cantonniers auxiliaires.

Le luxe des rues avec l'enlèvement rapide des neiges pour lesquelles dans beaucoup de capitales on attend le dégel, ne contribue pas peu à l'aspect et à la plus-value des propriétés bâties, que le Conseil se préoccupe aussi de défendre contre un noircissement par les fumées (Usines urbaines d'électricité, p. 46.)

5° *Ce qu'a fait le 7e Conseil élu pour la* **SÉCURITÉ** *des voies publiques.*

Chaque année le budget de la Préfecture de police est refusé par le Conseil on le rétablit d'office. Pourvoi platonique, rejet de pourvoi par le Conseil d'Etat, statuant au contentieux. Ce budget plus heureux que d'autres, échappe aux diminutions il augmente même d'office (1).

Chaque année aussi, se produisent des plaintes contre les brutalités ou l'inertie policière, les *erreurs* de la police des mœurs, les *rafles* auxquelles on a renoncé sur vote de l'amendement Strauss : « Tout arrêté, sauf pour ivrognerie, sera interrogé de suite par le commissaire de police et, conduit à la Préfecture, ne pourra être traduit en justice qu'à la requête du procureur général. »

1. De 4 millions en 7 ans sans grand contrôle le Préfet est maître de ce budget — des *refusés*.

Certes, c'est une magistrature délicate que de concilier exactement la liberté individuelle et la sécurité de tous. Il y faut de la mesure. L'augmentation récente des gardiens de la paix, ces petits magistrats de la rue, qui ont fonctions de décision et de tact, paraît avoir été médiocrement reçue du Conseil non pour elle-même, elle améliore le sort des petits, mais pour son introduction brusque presque sans consulter, sans renvoi à une commission, sans rapport étudié.

La cause en elle-même est juste. Sur 6.400 gardiens de la paix, 5.102 sont mariés, tous ont un métier. travaillent en dehors du service *pour vivre*.

En 1892, 122 ont été blessés, 3 ont opéré des sauvetages. « Il y en avait pour 1.800.000 habitants, 6.100 en 1871 » (1), aujourd'hui pour 2.423.000, il n'y en a que 6.400, ils font souvent 16 heures de service, quelquefois les 13 et 14 juillet jusqu'à 18 heures. La commission a adopté par 3 voix contre 2 après avoir changé de rapporteur, puis le Conseil a voté les 1.253.687 fr. part de la Ville dans l'augmentation de ces petits traitements devenus avec justice moins insuffisants pour la vie.

6° *Ce qu'a fait le 7e Conseil pour l'*ECLAIRAGE *public et privé de Paris.*

1° *Pour le* Gaz à bon marché. — Dès la 1re séance du 7e Conseil élu une proposition signée de 30 conseillers demandait l'abaissement du gaz à 25 centimes pour éclairage et cuisine, 20 centimes pour force motrice avec en compensation 25 ans

2. Malgré cette affirmation de la Préfecture nous n'en trouvons que 5,320 en 1873 (Note sur les dépenses de la Préfecture de Police 1873, p. 18.) Voir pour les insuffisances de nombre, ilots rues à surveiller, postes, *19 ans du Conseil*, p. 49-50.

de plus de concession, mais rachat possible dès 1915.

La 3e Commission (rapport Sauton) entra de suite en négociations avec la Compagnie, celle-ci proposa de convertir ses obligations de 5 en 4 0/0 ce qui eût été faire payer le dégrèvement du gaz aux obligataires.

Au 1er janvier 1906, 1/2 de l'actif : usines, terrains, canalisations soit environ 180 millions deviendront propriété de la Ville, mais il y aura encore une soulte de 137 *millions* à payer et d'ici là cette propriété gagée sur un mode d'éclairage menacé, peut tomber en demi ruine.

A Bruxelles, la régie de la Ville cède actuellement le gaz presque à prix coûtant 10 centimes le jour, 14 la nuit, elle ne se réserve que 500.000 fr. de bénéfices pour fonctionnement, à Birmingham 15 centimes. Partout on a accordé des concessions moins séculaires qu'à Paris et les Villes, par conséquent le consommateur-électeur ont *hérité* du monopole (1).

En France, les grèves de consommateurs du gaz, à Lyon et à Marseille, 27 novembre 92, le pétitionnement peu actif de Paris semblent montrer que la réduction de 5 centimes est jugée faible.

D'autre part, la Compagnie qui, dans sa préférence d'un *statu quo* de dividendes et *du gaz cher* s'était mise à négocier sans hâte, faisant surgir des réclamations d'actionnaires s'appuyant sur des lois spéciales pour critiquer les permanentes et vice-versa, fournissant, dit-on, des chiffres faux (*B. Off.* 3 juin 1891, p. 1156, Rousselle, président de la 3e commission) a fini par écrire une lettre au Préfet de la Seine où récemment, 10 décembre 92, elle refuse

1. L'Empire où aucune *corruption* n'exista accordait des monopoles de 50 ans, Gaz, Eau, Omnibus *mangeant l'avenir*. — Voir les *Grandes Elections de* 1893, p.7

et conteste même la propriété de la Ville sur ses canalisations.

Pour l'affirmer le 7ᵉ Conseil (Roussel, Brousse, Longuet, Girou) vote « le Conseil procédera à l'inspection de la canalisation » et ensuite « une mise à l'étude de la reprise par la Ville de l'exploitation du gaz » (26 décembre 92).

Tout cela est platonique. Le lourd monopole impérial semble devoir peser jusqu'à 1905 sur les électeurs (1).

La part de la Ville dans l'exploitation du gaz s'élève, il est vrai, en 1893, à 18.830.316 fr. 64 *centimes* (redevance 12 millions, les 2 centimes d'octroi, 5 millions, sans location du sol 200.000 fr., etc.) Cette façon d'intéresser aux monopoles Gaz, Eau, Omnibus et de *lier aux abus par une redevance* était de tactique sous l'Empire.

Toutefois cet impôt indirect semble devoir diminuer pour le gaz qui est vivement pressé par 2 éclairages d'avenir : *le Pétrole* pauvre et *l'Électricité* riche.

1 Le Pétrole auquel ont eu recours les récents grévistes du gaz de Lyon et Marseille est arrivé par des raffinages et appareils spéciaux, à se substituer au gaz comme éclairage d'appartement plus mobile, force motrice, même cuisine.

Il l'emporte un peu en bon marché 40 centilitres de pétrole à 25 centimes (0,60 le litre) égalent 1 mètre cube de gaz à 30 centimes. Il n'exige ni compteurs, ni canalisations, ni branchements ; avec les dégrèvements attendus, douane et octroi, cet

1. Il est facile de calculer que le non-abaissement même à 25 centimes va coûter encore 6 millions par an pendant 12 années à la population Parisienne (288 millions de mètres cubes annuels). La consommation augmente en banlieue mais diminue à Paris. La Compagnie lutte de son mieux par des becs intensifs, mèche en zircone, etc.

éclairage si répandu dans les ménages d'ouvriers, employés, petits fabricants et commerçants, deviendra un des agents les plus effectifs par concurrence de la baisse de prix du gaz.

2° **L'Electricité.** — Le 7° Conseil tout en se préoccupant de l'hygiène publique du *noircissement* de Paris (fumée des usines d'électricité un peu obligée, car le coke use vite les générateurs, vibrations du sol, etc., 18 mars 92, 9 mars 93), tout en émettant un vœu de *classement* dans les établissements insalubres et de translation hors Paris quelles que soient les pertes de force et de dividende, a cependant autorisé **5** Sociétés, mais seulement jusqu'en 1905 et sans monopole (Ch. Laurent, 14 juin 90).

Les demandes se multiplient pour éclairage de voies publiques, avenue de Clichy (Gaufrès), square Saint-Jacques (Opportun), boulevard Richard-Lenoir (Péan). Actuellement plus de **33.000** chevaux-vapeurs produisent de l'électricité dans Paris (1).

Paris lui-même est producteur à l'usine des Halles, entrée rue Vauvilliers, et suffit à peine aux demandes. L'installation première qui a demandé des remaniements, déplacements et une ventilation contre la température très élevée + 40° constitue peut-être un peu comme le Funiculaire, une régie à bénéfices médiocres (2). Mais le développement

1. La quantité de lumière à Paris en bougies décimales-heures à peu près 1/10 de carcel a passé de **722** pétrole-**65** électricité, **4.776** gaz en 1877, à **1.995**, **2.130** et **6.470** en 1889.

Le gaz est resté presqu'immobile en face du pétrole et de l'électricité qui fournissent actuellement près de la moitié de l'éclairage privé ou public. Entrée du pétrole à Paris en 1872 3.759.000 k., en 1889 19.084.000 (Fontaine, Société internationale des Electriciens, mai 1890).

2. « La Ville n'exploite pas, elle est exploitée » (Lyon-Allemand hospices).

donné au nouvel éclairage, la concurrence pour abaissement de prix, les améliorations de fonctionnement, un concours pour compteur d'énergie électrique qui a produit 51 appareils dont 2 applicables aux courants alternatifs ou continus avec approximation de 1 0/0, (ce chiffre est contesté ainsi que la continuité de marche), tandis que les compteurs à gaz ne donnent que 5 0/0, sont des initiatives dont il faut tenir compte au 7e Conseil élu.

L'Electricité qui commence à enlever à la vapeur une partie de la traction mécanique a pris au **gaz** et pour toujours la grande voirie, gares, théâtres, cercles, grands magasins, même les belles maisons nouvelles des grands propriétaires et architectes de Paris (1).

Cette concurrence semble avoir créé entre les 2 éclairages une *inimitié souterraine*. Des accidents par fuite de gaz ou mauvais voisinage ont été constatés dès le 8 juillet 1891.

Les câbles des tuyaux en poterie de la Compagnie Edison ont produit quelques explosions dans les regards avec perforations, tampons soulevés et projetés sur la voie publique.

1. On construit avenues des Champs-Elysées et du Bois de Boulogne des maisons où par l'ouverture de la porte d'entrée l'éclairage automatiquement produit, vous précède. Comme pour le gaz: branchements, colonne montante et dérivation dans chaque appartement, l'incandescence peut se fractionner de 500 à 1/10 de bougie.

CHAPITRE V

Ce qu'a fait le 7e Conseil pour les ENFANTS de toutes les Familles de Paris.

1° *Pour la* 1re ENFANCE

Subventions : aux crèches laïques du Xe rue Saint-Maur-Popincourt 185, faubourg Saint-Martin 122 ; du XIIe, passage Ricaud 7, du XIVe crèche du quartier de Plaisance, rue de l'Ouest 115, du XVIIIe crèche de la Goutte-d'Or, rue Cavée 7, du XIXe rue de Bellevue 18, rue du Télégraphe 33, Société protectrice de l'Enfance, rue des Beaux-Arts 7, Propagation de l'allaitement maternel, rue de Sèvres 45, 2.000 fr., etc.

2° *Pour la* DÉFENSE *et le sauvetage de l'enfance*

En 10 ans on a arrêté sur la voie publique (rapp. Berry) 18.000 enfants loués à des chiffonniers dans les cités, empruntés à des nourrices ou envoyés par des parents professeurs eux-mêmes de mendicité inoculant le gain sans travail.

Le 7e Conseil a formellement émis le vœu que toute mendicité soit interdite, surtout aux enfants.

La déchéance paternelle, art. 2 de la loi de 1874, semble comme la loi sur les récidivistes être appliquée avec une réserve prudente; elle n'a été prononcée que **4** *fois* en 19 ans en dehors de l'action de l'Assistance publique.

Des subventions sont accordées aux Caisses des orphelins des 1er, 7e, 16e, 18e et 19e arrondissements, Orphelinat maçonnique, 16, rue Cadet, 7.000 fr. Œuvre de l'orphelinat de l'enseignement primaire de France, rue de Rivoli 148, Union française pour le sauvetage de l'enfance, rue Pasquier 10, etc.

3° *Pour l'enfant de toutes les familles de Paris à*

l'ECOLE PRIMAIRE

L'œuvre scolaire qui a été le grand œuvre de la Municipalité républicaine de Paris devançant l'Etat lui-même dans les gratuité, laïcité et obligation (V. 19 *ans du Conseil élu*, p. 76 à 78) a reçu du 7e Conseil des perfectionnements sérieux.

1° Il a agrandi les *Ecoles maternelles*, 28.962 places, où le bébé apprend « ses lettres » où chaque année à ces plus petits des petits, la mère de famille **Paris** distribue des jouets de 1er janvier « en même temps qu'en reçoivent les enfants des riches » (Faillet Caumeau 25.000 fr. entre les 20 mairies de Paris en 1893).

2° *Les Ecoles enfantines*, transition entre ce 1er pas et la scolarité légale, la *primaire* — des enfants de 6 à 8 ans avec institutrice, 2.919 places.

3° Les *Ecoles primaires*, 68.296 places de garçons, 61.524 de filles, et ces places ne suffisent pas, car il y a encore 177 *expectants* au 16e, dans les 4 écoles d'Auteuil (Perrichont), 3.771 pour tout Paris, 8 avril 92. Rapport Gaufrès (1).

Une des causes de ce *succès de foule* et des plus à cœur au Clergé qui depuis 1882 semble organiser systématiquement le catéchisme aux heures de classe avec menaces douces de ne pas faire la 1re communion (Blondel, Pean, vœu du 7e Conseil de faire appliquer la loi scolaire, 11 mars 1892) est le succès des **Cantines scolaires**.

En 1891 un 1er rapport d'ensemble en a montré l'extension rapide, un règlement du Conseil a uniformisé le fonctionnement tout en laissant une logique liberté d'action et de progrès aux *Caisses des écoles* locales. Les distributions de linge, vêtements, chaussures, surtout aliments avec un tact discret et une bienfaisance anonyme « pour donner à l'enfant du pauvre, ce que le travail lui donnerait au dehors » se sont multipliées. En 1891, 4.619.114 portions gratuites, 3.730.722 payantes à prix moyen de 10 centimes. (6 mai 1891. Rapport Hattat).

Beaucoup d'autres raisons: les prix patriotiques du 14 juillet inaugurés dans le 18e, par notre ami Siebecker, les fêtes des écoles du 14 juillet célébrées aujourd'hui dans 12 des arrondissements de Paris; la visite des monuments, leçons d'histoire lapidaire, des filtres Chamberland, la piscine de la rue Rouvet 1, témoignant d'un vif souci d'hygiène, des distributions de prix progressistes en émulation tentées au 17e, le choix patriotique des livres de prix par une Commission spéciale, des matinées littéraires Ricquier 15.000 fr. des voyages de vacances, colonies scolaires, faisant voir la mer, même la

1. Paris, il est vrai, augmente de 20.000 habitants chaque année, mais cela ne correspond qu'à 1.844 enfants d'âge scolaire et il y a 3.771 *expectants*.

Suisse (1) enfin les améliorations et réparations de mobiliers ou écoles pour lesquels 1.220.000 fr. ont été dépensés en 318 ordres de services délivrés aux architectes (Rapport Boll 1892), expliquent de reste ce succès d'enthousiasme où les congréganistes ne veulent voir que l'alimentation à bon marché.

Des dotations scolaires largement votées se soldent à chaque exercice par un abandon de crédits 1.050.000 fr. 1887, 1.100.000 en 88, 12 en 89, 15 en 90, 1.600.000 en 1892.

Sur *l'emprunt Réaumur* de 200 millions en 1893, 50 millions, nous l'avons vu, sont réservés aux constructions scolaires (2).

4° Pour l'enfant de Paris à

*l'*ECOLE PRIMAIRE SUPÉRIEURE ET PROFESSIONNELLE

Pour les Écoles **primaires supérieures et professionnelles** à diriger dans le sens le plus pratique nous ne dirons que les faits de perfectionnement du 7° Conseil.

Le **collège Chaptal**, 109 bourses ou 1/2 bourses, 6 réservées à *des fils d'Alsaciens-Lorrains* 2 bourses à l'étranger, 50 bourses d'externat, a vu son examen spécial d'admission modifié avec abaissement de la limite d'âge et création d'essai du professeur-éducateur, qui après la classe suit ses élèves en précepteur familial.

L'école **Say** 46 bourses ou 1/2 bourses et qui a nécessité des réparations et substructions sur

1. *Paris ignoré* par Strauss, Paris, Quantin, 1893, grand in-4° avec dessins inédits.

2. 25 écoles de garçons, 23 de filles, sont encore *en bois*, froides l'hiver, torrides l'été. Quelques écoles sont en location.

le sol criblé de puisards, **Turgot** où est véritablement né l'enseignement secondaire spécial 82 bourses, **Colbert** rue Château-Landon 25 bourses, **Lavoisier** rue Denfert-Rochereau, 10 bourses. **Arago** place de la Nation, 16 bourses, constituent des variétés de collèges communaux où la Ville élève familialement 4 629 enfants de Paris en 1893.

Les 2 écoles primaires supérieures de filles **Sophie Germain** rue de Jouy, 82 avec 350 externes, et rue des Martyrs 53, 450 places ont 8 et 4 bourses.

Toutes ces faveurs comme pour les garçons sont au mérite travailleur, au concours (1).

Les **Ecoles professionnelles** ont de même vu augmenter leurs élèves.

L'école du fer **Diderot**, 50, boulevard de la Villette, 194 élèves admis de 13 à 16 ans, les *Diderot* comme on dit dans le quartier, 10 chefs d'atelier.

L'ecole du meuble **Boule** rue de Reuilly, 25, en plein quartier du meuble et de la *trôle*, 179 élèves, 10 professeurs théoriques, 10 techniques, 1 chef de travaux, 4 ans d'études.

L'école du livre **Estienne**, rue Vauquelin, 8, 300 élèves, a eu des commencements et une direction difficiles. On y prépare à trop de profession 10. (Hattat 11 mars 92) 17 (Deschamps) parmi lesquelles la gravure à une époque où l'on vit difficilement du burin. Mais l'enseignement des : typographie, lithographie, reliure d'art, surtout les Cours du soir pour externes méritent l'éloge.

L'école de **Chimie industrielle**, 90 élèves, 30 admis chaque année au concours de 15 à 19 ans ; les écoles **Germain Pilon**, 12, rue Sainte-Elisabeth, 78 élèves, 3 ans d'études de *dessin*, et **Bernard Palissy**, rue des Petits-Hôtels, 19,

1. Lemansois-Duprey *L'Œuvre sociale de la Municipalité parisienne* Paris 1892, p. 17.

élèves 61, céramique, décoration, dessin sur étoffe, complètent un enseignement municipal qui conduit du métier à l'art la main déjà si bien douée de l'enfant de Paris.

5° *Faits du 7e Conseil pour le* PERSONNEL *de ses écoles et l'*ENSEIGNEMENT LIBRE

Depuis la loi du 19 juillet 1889 le Personnel choisi de l'enseignement scolaire parisien a vu ses promotions de classes, l'avancement, l'émulation, les pensions de retraites troublées, le recrutement entravé.

Dans toute la France, l'État paie le maître d'école ce fondateur de République; à Paris, il perçoit les 4 centimes et les rend à la Ville qui doit solder l'excédant. A la majorité de 53 voix, Rapport Blondel, le 7e Conseil a adopté pour son personnel d'élite, une augmentation de 125.000 fr. de traitement.

Il accorde en outre à l'Enseignement des enfants de toutes les familles de Paris en dehors de ses écoles, des subventions élevées:

Ier *arrondissement.* — Société des écoles laïques libres, rue Jean-Lantier, 6.000 fr.

Ve — Société pour l'enseignement élémentaire, 14, rue du Fouarre, 7.000 fr. **VIe** Association philotechnique, 24, rue Serpente, 15.000 fr. Association polytechnique, 28, rue Serpente, 15.000 fr. **IXe** *arrondissement.* Ecoles Elisa Lemonnier, 9, rue de Bruxelles, 18.000 fr. **XIIIe** Société des instituteurs et des institutrices laïques de la Seine, 17, avenue des Gobelins, Société du sou des écoles laïques.

XVIe Enseignement des bègues, 82, avenue Victor-Hugo, 3.000 fr. **XVIIe** Ecole laïque libre de

Mᵉ Delabre, 74, rue des Dames, 5.000 fr. **XVIIIᵉ** Société pour la propagation de l'instruction intégrale, 26, rue Ganneron, 3.000 fr. **XXᵉ** Ecole libre, rue Delaitre, 6.000, etc.

6° *Ce qu'a fait le 7ᵉ Conseil pour l'*ÉDUCATION PHYSIQUE *des enfants de Paris.*

La plupart des instituteurs et institutrices sortant de l'école normale sont munis du brevet de gymnastique. Presque tous ont déclaré avec les professeurs techniques que le système *Pichery* mis en expérience ne donnait pas tous les résultats attendus, mais en revanche, le rapport Blondel concluant à une réforme radicale, proscription des appareils et même formation d'un Institut d'éducation physique a paru dépasser le but, 22 juillet 92, « à 12 ans je travaillais aux agrès, et je m'en suis très bien trouvé ». Humbert p. 1855. Les trapèzes, anneaux, tremplins, barres fixes et parallèles ont semblé devenir dans ce rapport un peu subitement inutiles.

Le 7ᵉ Conseil a décidé qu'ils resteraient aux écoles, et que la surveillance des jeux de *plein air* appartiendrait sans fonctionnarisme nouveau à l'inspecteur de gymnastique ; 5 terrains ont été acquis et aménagés pour ce *plein air* qui a ses avantages.

7° *Ce qu'a fait le 7ᵉ Conseil élu pour la* PRÉPARATION MILITAIRE *de la Jeunesse parisienne.*

Les *bataillons scolaires* dont nous avons dit en 1890 les *desiderata*, ont été avec raison supprimés par le 7ᵉ Conseil dans les écoles primaires. Mais, partisan résolu de ces bataillons d'adultes légiférés un peu platoniquement par la loi de 1889 qui les oublie depuis, le Conseil a maintenu les 6 bataillons des écoles supérieures et de *Diderot*. — **3.200** élèves-soldats.

Dans le même esprit de préparation à la **Défense nationale** et en se faisant remettre un état des membres honoraires actifs et pupilles, dimensions des gymnases et stands, prix obtenus, le 7e Conseil accorde des subventions à ces Sociétés de **Gymnastique, Tir** *et* **Instruction militaire**, qui fournissent tant de sous-officiers à l'armée.

Ier *arrondissement.* La Cité; **II**e Sans Souci, Argus; **III**e Les Gravilliers, Ars et Métiers; **IV**e Jeunesse, Touristes lyonnais, Union des tireurs parisiens, Volontaires du 4e, la Gauloise; **V**e Union des volontaires du 5e, Chasseurs topographes; **VII**e Société de tir, Association française de gymnastique, topographie et tir du 7e; **VIII**e *Souviens-toi*; **IX**e L'Ardente, Société de tir du 9e; **X**e Française, Gymnastes de la Seine, Enfants de Paris, Union gauloise, Sambre-et-Meuse, Alsace-Lorraine; **XI**e Union des Turgotins, Jeune France, Etoile, Liberté et Avenir, le Drapeau, Instituteurs du département de la Seine; **XII**e L'Union nationale, Bastille; **XIII**e Avant-garde, Francs-tireurs du 13e, **XIV**e Carabiniers de Plaisance, En Avant.

XVe Société de tir, Francs-tireurs du 15e; **XVI**e France, la Pépinière, les Enfants du 16e; **XVII**e Sentinelle, Etude, Etoile des Ternes, Martiale, Avant-garde du 17e; **XVIII**e Patriotique, Garde à vous, Jeunesse du 18e; Volontaires du 18e, Flobertistes; **XIX**e Espérance, Bellevilloise, Avenir du 19e; **XX**e *Pro patria*, France, Parisienne.

Outre ces sociétés, le 7e Conseil accorde des subventions aux 3 grandes Unions qui fédèrent toute sa jeunesse parisienne avec celle de la France entière : *Union des sociétés de gymnastique de France* pour sa fête fédérale, *Union des sociétés de tir* pour son stand annuel, *Union des sociétés d'instruction militaire de France* pour le concours des Tuileries, *Association des sociétés de gymnastique de la Seine* pour sa brillante fête de l'Hippodrome.

Enfin la *Ligue nationale de l'éducation physique* a reçu 12.000 fr. 20 février 1893.

La sollicitude patriotique du Conseil s'étend même logiquement à l'instruction militaire de nos Réserves : concours national de tir de Satory 10.000 fr. Société de tir au canon, boulevard du Palais, 3.

Société de topographie de France, 18 rue Visconti, Société nationale de topographie pratique, 3 et 5 rue de Chanaleilles, Société polytechnique militaire, 8, rue François Miron, etc.

CHAPITRE VI

Ce qu'a fait le 7e Conseil élu pour les ARTISTES, les LITTÉRATEURS et les SAVANTS de Paris.

1° *Pour les* PEINTRES *et* SCULPTEURS

On remarquera que les achats du Conseil portent presque toujours sur des tableaux d'histoire de Paris ou d'histoire du Travail, ses 2 cultes : *Les Ciseleurs* par Bougonnier 2.500 fr. *Les Maroquiniers* par Cœylas 2.500 fr. *Les Halles* par Dambourges 4.000 fr. *Vue du quai de Bercy* 2.000. *Entrée des troupeaux à Paris* et *Boulevard Berthier le soir* par Guignard, etc., Reproduction du tableau d'*Etienne Marcel* de Laurens par la gravure, Mauron 12.500 fr. 31 décembre 1892.

Dessins : *les Enfants assistés*, le *Doyen de la mine* par Renouard.

Pour les sculpteurs : Buste à cire perdue de Delescluze par Michel Béguin 3.500 fr. *Caton* par Labatut 5.000 fr. *La Vie* par Hollweck 9.000 fr. statue de Théophraste Renaudot, *Protection et Avenir* groupe en marbre d'Icard 6.000 fr. 17 avril 90, statue d'Arago 9.000 fr. etc.

1. **18.897**, dont : savants, hommes de lettres, publicistes **3.718** ; peintres, sculpteurs, artistes lyriques et dramatiques **9.841** ; architectes et ingénieurs **5.838** recensement de 1891.

2° *Pour les* LITTÉRATEURS *et les* SAVANTS *de Paris.*

Achat du Calendrier de l'Ere Républicaine par Regnard, *Paris ignoré* par Strauss grand in-4° 100 exemplaires, l'*Ecole Moderne* de notre ami Edouard Petit, *Le Palais de justice de Paris*, *l'Art décoratif au XVI° siècle*, etc.

Subvention de: 2.000 fr. au laboratoire de thérapeutique du Dr Dujardin-Beaumetz, au 5° congrès de navigation intérieure, 27 juin 92, à la Société internationale pour l'étude des questions d'Assistance. Envoi de délégués au Congrès international d'hygiène et démographie de Londres, 20 juillet 91.

Et ce qui marque bien le souci d'éducateur du peuple du 7° Conseil :

Aménagement d'une salle pour les cours du soir à l'Hôtel de Ville 22 juillet 92, Enseignement populaire supérieur: Création d'un cours d'Anthropologie, d'un cours d'Histoire des sciences physiques, de 2 cours d'*Histoire du Travail* et d'Hygiène au point de vue social par le Dr Martin.

3° *Ce qu'a fait le 7° Conseil pour le* PATRIOTISME FRANÇAIS DU PRÉSENT

1° *En France.* Réception à l'Hôtel de Ville du capitaine Trivier, 7 juillet 90, du lieutenant de vaisseau Mizon. Réception par le Conseil, avec remise de médailles commémoratives, du commandant Monteil et du capitaine Binger, 6 décembre 1892.

2° *A l'Étranger.* Des remerciements sont adressés au Conseil par le ministre de la République Mexicaine pour le nom de *Hidalgo* donné à une rue de Paris, il annonce que le nom de Carnot sera donné à une rue de Mexico, 10 juin 1891, Secours aux victimes de la catastrohe de Münchestein (Suisse) 25 juillet 91, aux victimes de la catastrophe d'Anderlues, Belgique, 11 mars 92, subvention de 10.000 fr. pour la participation de la Ville de Paris à l'Exposition française de Moscou, etc.

4° *Pour le souvenir* PATRIOTIQUE DU PASSÉ

1° Par les monuments commémoratifs.

Souscriptions aux monuments : d'Anatole de la Forge, de Meissonier 9 mars 91, de Garibaldi 14 novembre 90, du colonel Bourras, du sergent Triaire au Vigan, du général Lariboisière à Fougères juillet 91, aux monuments commémoratifs de Valmy, du combat de Montmesly et des combats de Dijon en 1870-71, etc.

2° Par les noms de rues.

Le nom d'avenue Gambetta et place Gambetta est donné à une partie de l'avenue de la République; rues Anatole de la Forge, Flaubert, Renan, Théodore de Banville, Delescluze, Félix Pyat, Michel de Bourges, Dupont de l'Eure, Vergniaud, puis Charles Robin, de Quatrefages près du Jardin des Plantes, enfin rue Jean Leclaire, le propagateur de la participation des ouvriers aux bénéfices (1), etc.

3° Par les plaques commémoratives.

Comme les monuments et les noms de rues, les plaques commémoratives qu'a fait placer le 7e Conseil disent aux promeneurs l'Histoire française.

1. Votés les 22 et 23 février 1893 ces noms de rues doivent être approuvés par décret.

28, place Dauphine, Madame Rolland; 7, rue Lesdiguières, maison où a demeuré le czar Pierre le Grand; 6, place des Vosges, maison qu'a habité Victor-Hugo; rue des Archives 14, où est mort Lamennais, etc.

4° Le dernier souvenir.

Des concessions de sépulture perpétuelle ont été accordées pour Anatole de la Forge, Emile Richard, Chabert, Mme veuve Millière, Chaplin.

Les obsèques aux frais de la Ville de l'étudiant en médecine *Mariotte*, mort du croup contracté à l'hôpital Lariboisière sont votées au Conseil par acclamation le 22 février 1893, sur proposition Strauss.

Enfin le 7 septembre 91 après avoir voté également des funérailles aux frais de la Ville et une concession perpétuelle, le 7e Conseil a levé sa séance en signe de deuil à l'annonce de la perte de M. *Alphand* « ce serviteur actif passionné » qui bien mieux qu'Haussmann pouvait s'appeler « Paris. »

CHAPITRE VII

Le 7e Conseil TRAVAILLEUR

1° *La direction du* TRAVAIL, LES 3 BUREAUX

1890.	91.	92-93.
	Président :	
Richard.	Levraud,	Sauton.
	2 *Vice-présidents* :	
Levraud.	Sauton,	Champoudry
Brousse.	Deschamps.	Boll.
	4 *Secrétaires* :	
Baudin,	Thuillier,	Ch. Laurent,
Pétrot,	Lampué,	Péan,
Rouanet,	Dervillers,	Vorbe,
Lucipia.	Caron.	Foussier.

Syndic : Maury.

2° LES JOURNÉES *de Travail.*

Durée des sessions (1)

1890	91	92-93
2 juin, —	23 février, —	11-22 janvier,
24 juillet,	25 juillet,	9 mars, 23 juil.
22 octobre, —	19 octobre, —	19 octobre. —
31 décembre,	31 décembre,	31 décembre.
		20 fév. 31 mars.
123 journées.	224 journées.	258 journées.

1. On sait qu'il ne dépend pas du Conseil — de siéger.

Total. **20 mois** 5 journées de travail des sessions, séances publiques ou séances de commissions.

Nombre des séances (90-93).

68 58 86

Soit : **212 séances**

Nombre des Rapports (90-93).

79 222 299

Soit : **600 Rapports**

3° *La division du Travail.* LES COMMISSIONS

6. *Commissions* **permanentes** :

1° Finances et contentieux. *Président* : Riant; 12 membres.

2° Administration et Police. *Président* : Viguier; 12 membres.

3° Voirie et promenades. *Président* : Rousselle; 16 membres.

4° Enseignement, Beaux-Arts. *Président* : Levraud; 16 membres.

5° Assistance publique, Mont-de-Piété. *Président* : Strauss; 12 membres.

6° Assainissement, Eaux, Egouts. *Président* : Arsène Lopin; 12 membres.

Il y a en outre la Commission du *Travail*, président Patenne, 16 membres, celle du *Ravitaillement de Paris*, Deligny et 18 Commissions spéciales, Conseils de surveillance des écoles primaires supérieures, professionnelles, etc.

4° L'IMPORTANCE *du Travail.*

En somme beaucoup de travail est fourni. Une idée des études hautes et suivies que nécessite la gestion de ce Paris, Etat, dans l'Etat qui a ses finances, ses douanes (octroi), ses écoles, son Assistance publique, ses Ponts et chaussées (voirie), sa Dette est donnée par le Synoptique suivant du Budget de **1893 :**

DÉPENSES (Par ordre d'importance)

Octroi **145** millions 252.000 fr.
Redevance du Gaz **18** 830.000.
Redevance des Eaux **14.**
Halles et marchés **8.**
Voitures publiques **6.**
Abattoirs **3.**110.000.

RECETTES

Dette de la Ville **97** millions.
Ecoles **25** millions.
Assistance publique **24** millions 691.000.
Voies publiques **21** dont 3 payés par l'Etat.
Police **24** millions dont 7 payés par l'Etat, etc.

Il n'y a plus de Commission du Budget, chacune des 6 Commissions permanentes devient Sous-commission du Budget pour son département respectif.

5° LA PUBLICITÉ *du Travail.*

Tous les projets, études, discussions sont portés à la connaissance du Public par les Procès-Verbaux, les Rapports et le Bulletin municipal imprimés à l'Hôtel de Ville même, par l'Imprimerie municipale.

Le *Bulletin Officiel* dépenses 110,000 fr. recettes 34.500, tirage 6.900, abonnés 737, service gratuit 3.600 vente au numéro 2.200 (1).

1. Il serait désirable dans la Table annuelle de publier au nom de chaque Conseiller ses propositions, rapports, principaux discours comme au *Journal Officiel*

L'*Imprimerie municipale* a réalisé des économies notables.

Les propositions des Commissions in-4° carré coûtent le mille **34** fr. 94 au lieu de **74** fr. 50.

Les procès-verbaux in-4° carré **49** fr. 35 au lieu de **105** fr. 50.

Si cette imprimerie fournissait tous les imprimés de la Ville et du Département que chaque chef de service commande de son côté, Octroi, Assistance publique, Mont-de-Piété, il y aurait une économie de 30 0/0. Rapp. Patenne, 24 déc. 92.

6° *Les travailleurs* SPÉCIALISTES

Nous ne pouvons les signaler tous et beaucoup sont nécessairement omis. Citons MM. *Sauton Caron*, *Thuillier*, Métropolitain, tube Berlier : *Blondel*, enseignement ; *Strauss*, Budget et Assistance publique ; *Brousse*, Electricité ; *Vaillant*, *Humbert*, *Chauvière*, *Rouanet*, *Heppenheimer*, Questions ouvrières, secours pour cessation de travail ; *Georges Villain*, Personnel administratif ; *Hattat*, Sociétés patriotiques ; *Foussier*, Halles, Alimentation ; *Deligny*, *A. Lopin*, Eaux, Assainissement, Ravitaillement de Paris ; *Rousselle*, Voirie ; etc., etc.

7° LES PROFESSIONS *des Conseillers.*

13 avocats.
12 industriels.
11 journalistes, hommes de lettres, publicistes.
10 négociants ou anciens négociants.
6 médecins.
6 propriétaires ou rentiers.
3 ingénieurs.
3 entrepreneurs de travaux publics.
3 comptables.
13 professions diverses.

ANNEXE

Les Élections de 1890 dans les 80 quartiers de Paris

(1er tour)

Ier ARRONDISSEMENT

Saint-Germain-l'Auxerrois.— Saint-Martin, 792; **Odelin**, 687; Lesage, 232.

Les Halles. — **Alfred Lamouroux**. (1) 1769; Paul Degouy, 1334; Henry Lévy, 703; Taillard, 669; Louis Petit, 159.

Palais-Royal. — **Muzet**, 766 : Cère, 607, Raveton, 550; Hamel, 471.

Place Vendôme. — **Despatys**, 1088 *élu*; Villeroy, 456.

IIe ARRONDISSEMENT

Vivienne. — **Caron**, 815; Cusset, 540; Gilles, 494.

Gaillon. — **Gamard**, 718 élu; Blachette, 343; Adam, 192.

Mail. — **Duplan**, 1434; Legué, 965; Bellan, 581; J. Blanc, 130.

Bonne Nouvelle. — **Maury**, 2634; *élu*, 2614; Petit, 1438; Pasdeloup, 244.

IIIe ARRONDISSEMENT

Enfants-Rouges. — **Lucipia**, 1143; Courtoux, 775; Klein, 688; Geninet, 620.

Arts-et-Métiers. — **G. Blondel**, 1510; Benoit Lévy, 861; Boutet, 836; Laurent, 511.

Sainte-Avoye.— **Darlot**, 1951 élu; Marcant, 817; Boudet, 415; Doumeng, 284.

1. Les conseillers dont le nom n'est pas suivi du mot *élu* l'ont été au 2e tour. Les mutations en cours de session du 7e conseil, ont été : le regretté Emile Richard, président du Conseil, remplacé par *Lazies*, Lavy par *Heppenheimer*, Chabert par *Grébauval*, Gamard, par *Blachette*. — *Péan*, démissionnaire non remplacé.

Archives. — **Foussier, 2183 élu**; Thibault, 782; Champy, 426.

IVe ARRONDISSEMENT.

Saint-Gervais. — Pagèze, 2004; **Piperaud, 1917**; M. Dennery, 1202; Gaudichier, 910; Dejeante, 380; Moulins, 129.

Saint-Merri. — **Opportun**, 850; Bœuf, 780; Levasseur, 614; G. Simon, 351.

Arsenal. — De Menorval, 1037; **Hervieux**, 355; Delabry, 355; Rey, 352.

Notre-Dame. — Ruel **élu** 1255; Dr Le Maguet, 579; Maurice, 459.

Ve ARRONDISSEMENT

Saint-Victor. — **Sauton**, 1.912; Boicervoise, 1.352; Chansel, 714; Versini, 308.

Jardin des Plantes. — **Collin**, 1.492; Lenglé, 1.330; Taillefer, 792; Pins, 393.

Val-de-Grâce. — **Lampué.** 1.372; Pigeonneau, 907; Beaumont, 790; Mordacq, 657; Lecouturier, 491.

Sorbonne. — **Deschamps**, 1.943; Larcher, 1.668; Froustey-Bouvard, 401; Menuisier, 251.

VIe ARRONDISSEMENT

Odéon. — **Alpy.** 945; Ratel, 631; Guillemot, 571; Auschitsky, 521; Fardeuil, 458.

Monnaie. — **Albert Petrot**, 1.374; Biot, 1.092; Félix Herbet, 677.

Notre-Dame-des-Champs. — **Deville**, 3.288; Vallet, 1.621; Storck, 1.030; Harispe, 834.

Saint-Germain-des-Prés. — Depasse, 880; **Prache**, 710; Poignant, 639, Cauminal, 345.

VIIe ARRONDISSEMENT

Les Invalides. — **Cochin**, 1.321, élu; Poggi, 548.

Saint-Thomas-d'Aquin. — **Ferdinand Duval**, 2.153, élu; Astier, 897; Albert Hans, 802.

Ecole Militaire. — **Lerolle**, 1.381, élu; Bourceret, 464; Le Menuet, 370.

Gros-Caillou. — **Lopin**, 2.210; Delagneau, 1.986; Drumont, 613.

VIIIe ARRONDISSEMENT

La Madeleine. — **Froment Meurice, élu**, 1.761; Mazel, 769; Escudier, 432.

Europe. — **Riant, 3.001, élu**; Cruchon, 903.

Faubourg du Roule. — **Maurice Binder, 1.561, élu**; Tamburini, 513 ; de Larmandie, 456.

Champs Elysées. — **Quentin Beauchart**, 572 ; Fouquiau, 418 ; Dufour, 287.

IXe ARRONDISSEMENT

Faubourg Montmartre. — **Ch. Laurent, 1.158** ; Caussade, 668 ; Daumas, 590.

Chaussée d'Antin. — **G. Berry**, 1.579 ; Vincent Max, 453 ; d'Hubert, 483 ; Vigier, 313.

Saint-Georges. — **Stupuy, 1.815** ; Moreau, **1.610** ; Teysseire, 1.048.

Rochechouart. — **Strauss**, 2.992 **élu** ; P. Barme, **1.381** ; Nivard-Beauchamp, 389.

Xe ARRONDISSEMENT

Saint-Vincent de Paul. — Dagonnet, 1.804 ; **G. Villain**, 1.776 ; de Serres, 1.483 ; Piéron, 361,

Hôpital Saint-Louis. — **Faillet**, 4.668 **élu** ; Feltesse, 1.753.

Porte-Saint-Denis. — **Hattat**, 2.463 **élu** ; Telliez, 1.345.

Porte-Saint-Martin, — **Thuillier**, 1.862 ; Tournade. 1.721 ; Combrison, 782 ; Feuillant, 334.

XIe ARRONDISSEMENT

Folie-Méricourt. — **Pean**, 2.821 ; Michelin, 2.308 ; Allemane, 1.520 ; Lefebvre Roncier, 1.258.

Saint-Ambroise. — **Levraud**, 3.271 ; Avezard, 2.203 ; Duchesnay, 948 ; Lallemant, 815.

La Roquette. — **Longuet**, 3.551 ; Maës, 2.980.

Sainte Marguerite. — Massard, 2.258 ; **Petitjean**, 1.540 ; Mayer, 1.103 ; Chausse, 1.036.

XIIe ARRONDISSEMENT

Picpus. — Langlois, 2.099 ; **Caumeau**, 1.793 ; Gouts, 1.470 ; Rauson, 911 ; Vandenabelle, 624.

Bel-Air. — **Marsoulan**, 485 ; Marguerite. 426 ; Montupet, 226 ;

Quinze-Vingts. — Elie May, 2.800 ; **Baudin**, 2.064 ; Boison, 1.544 ; Ribanier, 1.027.

Bercy. — Le Chaplain, 681 ; **Lyon Allemand**, 648 ; André Dubois, 318.

XIIIe ARRONDISSEMENT.

Salpêtrière. — **Morane**, 1.097 ; Baudet, 845 ; Cantrel, 308 ; Delacour, 277.

La Gare. — Caillet, 2.479 ; **Navarre, 2.479** ; Mispolet, 408 ; Verdier, 373.
Maison-Blanche. — **Rousselle, 2.576** ; Couturier, 2.075 ; Arnold, 635 ; Raunié, 322.
Croulebarbe. — Caron, 648 ; **Prudent Dervillers**, 625 ; Desobry, 442.

XIVe ARRONDISSEMENT

Montparnasse. — **Richard**, 1.070 ; Charles Léon, 933 ; Dugas, 465 ; Cahen, 419.
Plaisance. — **Girou**, 3.832 ; Jeannon, 1.900 ; Perrin, 1.157 ; Périlhou, 1.114.
Petit Montrouge. — **Champoudry**, 1.083 ; Georges Janin, 1.036 ; Jeannin, 840 ; Macqret, 681.
Santé. — **Dubois**, 629 : Merieme, 346 ; Tréfaut, 213.

XVe ARRONDISSEMENT

Saint-Lambert. — Planteau, 1.677 ; **Delhomme**, 1.467 ; Charroux, 690.
Necker. — **Bassinet**, 2.301 ; Thiessé, 1.460 ; Dalle, 516 ; Digard, 501.
Grenelle. — **Alph. Humbert**, 1.912 ; Chérest, 1.570 ; Millaut, 980.
Javel. — **Chauvière**, 1.615 **élu** ; Apté, 782 ; Curé, 367.

XVIe ARRONDISSEMENT.

Auteuil. — **Perrichont**, 787 ; Barbier, 707 ; Bocandé, 394 ; Saint-Lanne, 384.
La Muette. — **Caplain**, 1.228 ; Winandy, 620 ; Dr Chassagne, 585 ; Croissant, 333.
Porte Dauphine. — **Deligny**, 861 ; Desmarets, 686 ; Roussel, 503.
Les Bassins. — Quinaut, 1.272 ; **Davrillé des Essarts**, 978 ; de Bouteillier, 914.

XVIIe ARRONDISSEMENT

Batignolles. — Th. Cahu, 3.241 ; **Gaufrès**, 3.105 ; Florand, 946 ; Victor Renou, 552.
Les Ternes. — **Viguier**, 2.099 ; Galli, 1.516 ; Lambert Sainte-Croix, 1.231 ; de Civry, 100.
Place Monceau. — **Bompard**, 1.033 ; Desprez, 920 ; Silvy, 895 ; Boucard, 541.
Les Épinettes. — **Brousse**, 3.942 **élu** ; Boulé, 1.962 ; de Morès, 926 ; Cornu, 228.

XVIIIe ARRONDISSEMENT

Grandes Carrières. — Crié 2.675; **Simonneau**, 2.490; Avez, 1.171; Budaille, 159.

Goutte-d'Or. — **Lavy**, 3.625 **élu**; Foursin, 1.876; Breuillé, 1.134.

La Chapelle. — Fiaux, 1,244; **Boll**, 924; Blondeau, 799; Mook, 476.

Clignancourt. — de Susini, 5.492; G. **Rouanet**, 2.982; Heppenheimer, 2.288; Doucet, 828.

XIXe ARRONDISSEMENT

Combat. — **Chabert**, 3.066; Grebeauval, 2.594.

La Villette. — Leouzon Leduc, 2.567; **Vorbe**, 2.077; Proal, 666; Vallée, 396.

Amérique. — **Cattiaux**, 1.129; Morin, 712; Picau, 377; Gruhier, 343.

Pont de Flandre. — **Prunières élu**, 978; Paulard, 954.

XXe ARRONDISSEMENT

Belleville. — Delhomme, 2.202; **Berthaut**, 2.150; Noyon, 1.453; Daumas, 1.139.

Saint-Fargeau. — **Réties**, 665; Archain, 330; Voisin, 316; Susini, 191.

Père La Chaise. — **Vaillant**, 3.952 **élu**; Place, 1.790; Montas, 1.102.

Charonne. — **Patenne**, 2.037; Rouillon, 1.734; Rousseau, 429; Groussier, 336.

IMP. NOIZETTE, 8, RUE CAMPAGNE-PREMIÈRE, PARIS

www.ingramcontent.com/pod-product-compliance
Lightning Source LLC
LaVergne TN
LVHW020451230826
846091LV00004B/1652
9782016175286